Nico Hirtt

LES NOUVEAUX MAÎTRES DE L'ÉCOLE

L'enseignement européen sous la coupe des marchés

aden ★ collection epo

LES EDITIONS ADEN
édition **Gilles Martin**
graphisme **Atelier des grands pêchers**
(atelierdgp@wanadoo.fr)
relecture **Patrick Moens**
assistance éditoriale **Marie David** et **Julie Matagne**
impression **EPO**
(www.epo.be)

Les Editions Aden
44 rue A. Bréart
1060 Bruxelles
Belgique
Tél.00 32 2 5344661
Fax. 00 32 2 5344662
adendif@skynet.be
www.aden.be

Première édition **janvier 2000**
Deuxième édition **mars 2002**

Mots-clés : **école, enseignement, sélection sociale, Europe, marchés**

Photo de couverture
Atelier des grands pêchers

Dépôt légal à parution

Préface

L'Europe libérale contre l'École démocratique

Par Christian Laval

Les cinglants refus du Traité constitutionnel européen en France et aux Pays-Bas au printemps 2005 ont brutalement accéléré la crise de l'Union européenne. La confusion stratégique et la rhétorique creuse obscurcissent l'avenir d'une Europe libérale récusée par une partie croissante des peuples qui l'habitent. Comment renouveler le projet européen ?

L'Europe de l'éducation et de la culture serait sans doute l'un des objectifs politiques qui permettrait de dépasser les intérêts nationaux, militaires, commerciaux et industriels qui entravent aujourd'hui tout projet démocratique commun des peuples européens. On le sait, ce n'est pas ce chemin-là que les classes dirigeantes ont voulu emprunter pour faire avancer l'unité européenne. Très loin des idéaux humanistes, républicains, socialistes, internationalistes, c'est l'économie marchande qui, depuis cinquante ans, est censée rapprocher les sociétés et les êtres humains qui les composent. Comme si l'on devait toujours croire en Europe aux vertus de la « main invisible » chère à Adam Smith et aux mécanismes autorégulateurs du marché en dépit de tous les démentis de l'histoire ! La concurrence généralisée entre les entreprises, entre les mains-d'œuvre, entre les systèmes sociaux et fiscaux, conduit sous nos yeux à la paralysie institutionnelle et, surtout, à la régression de l'idéal européen.

Faut-il donc regretter l'absence d'une grande politique éducative et culturelle à l'échelle européenne et déplorer que ces dimensions si essentielles à toute existence collective restent pour l'essentiel du domaine national ? Sans doute. Mais il ne faudrait pas pour autant oublier que la Commission européenne a défini depuis le milieu des années 1990, et a recommandé aux différents États membres, une authentique politique en matière d'éducation et de formation professionnelle, et cela dans la plus grande opacité et en dehors de toute mention explicite de cette compétence dans les divers traités. Cette politique éducative, dont on commence tout juste à mieux connaître les caractères et les concepts majeurs, a pour essence et pour fonction de servir le plus directement possible les intérêts des entreprises privées : il s'agit en fait d'orienter les « investissements éducatifs » publics, et de plus en plus privés, vers les apprentissages et les formations les plus rentables et les plus utiles. En somme, fidèle à sa ligne promarché dans tous les domaines, l'Union européenne a commencé de mettre en application une réforme libérale et utilitariste de l'éducation en tout point conforme aux préconisations des grandes organisations financières et commerciales (OCDE, Banque Mondiale, OMC). « Économie de la connaissance », « formation tout au long de la vie », « capital humain », « employabilité » et « flexibilité » , « compétences » et « compétitivité », toutes ces notions centrales dans le discours européen sont autant de briques d'une conception nouvelle et cohérente de l'éducation regardée comme une formation professionnelle continue et intégrée à un marché du travail flexibilisé. En l'occurrence, le « modèle éducatif européen » tel qu'il a été précisé dans le cadre de la *Stratégie de Lisbonne* depuis 2000 ressemble comme un frère jumeau au modèle d'enseignement défendu par la doctrine libérale.

Cette connaissance de la politique européenne, la prise de conscience de sa nature, nous la devons à quelques travaux pionniers, dont, au premier rang, ceux de Nico Hirtt. Ce fut d'abord, en 1998, le percutant *Tableau noir* écrit avec Gérard de Sélys, dont le sous-titre était déjà un programme de lutte : *Résister à la privatisation de l'enseignement.* L'ouvrage connut alors le plus beau des succès, celui du bouche à oreille. En France, le livre a été publié en pleine lutte des enseignants et des lycéens contre la politique de Claude Allègre, lequel ministre de l'Éducation nationale ne cachait pas sa volonté de mettre le système scolaire et universitaire à l'heure de ce qu'il appelait « le grand marché éducatif du XXIe siècle ». Gérard de Sélys et Nico Hirtt, avec ce premier essai, aidèrent de nombreux citoyens et militants à mieux comprendre le contexte dans lequel s'inscrivaient désormais les réformes éducatives, celui de la « privatisation généralisée des services publics » dont la Commission européenne, tout imprégnée de l'idéologie libérale la plus naïve, était devenue l'un des agents les plus fanatiques et les plus efficaces. Il faut dire aussi pour expliquer que *Tableau noir* soit rapidement devenu cette sorte de « mot de passe » parmi les acteurs les plus mobilisés que, outre ses qualités intrinsèques, il était en phase avec les luttes dans le champ éducatif qui, depuis le milieu des années 1990, s'inscrivent dans un grand cycle anti-libéral rythmé par des mobilisations nationales et mondiales qui n'ont pas cessé depuis. Mais même les enseignants les plus actifs dans les organisations syndicales et dans les mobilisations ne savaient pas toujours très bien, et pour cause, comment se fabriquait exactement la politique éducative dans les divers pays d'Europe. *Tableau noir* fournissait un premier mode d'emploi, avec les éléments d'information dont on pouvait disposer à l'époque par un travail d'enquête sérieux. Le livre insistait particulièrement sur le rôle stratégique d'un puissant lobby patronal, *l'European Round Table* (ERT), dans la production des grands axes de ces recommandations, et en particulier dans l'élaboration des rapports de la Commission qui prônaient la mise en place d'un marché de l'enseignement à distance contrôlé par les grandes entreprises fournisseurs de matériel informatique. Mais l'ouvrage montrait aussi que ce n'était là que la porte d'entrée, si l'on peut dire, d'un certain modèle d'éducation, pensé comme un véritable marché où se rencontrent des entreprises et des clients, avec toutes les conséquences inégalitaires qu'une telle conception peut entraîner. Les auteurs, à partir d'une comparaison précise des documents de l'ERT et des rapports officiels de la Commission, mettaient surtout en évidence le copier-coller manifeste qui était à l'origine de cette politique. Ce livre de combat peut être relu aujourd'hui comme une sorte de récit des premières offensives libérales sur l'école durant les années 1990, véritable préhistoire de ce qui allait devenir la politique officielle de la Commission européenne dans la décennie suivante.

Dans le livre qui a suivi et qui fait aujourd'hui l'objet d'une heureuse réédition, *Les nouveaux maîtres de l'École*, Nico Hirtt est allé plus loin dans l'analyse systématique de ce qu'il nomme « *une mutation radicale des systèmes d'en-*

seignement». L'ouvrage que le lecteur va découvrir se présente comme une exploration détaillée de l'école libérale qui se met en place en Europe. Les différents aspects mis au jour apparaissent comme autant d'applications partielles d'un dogme central selon lequel l'enseignement est fondamentalement une adaptation du futur travailleur-consommateur au nouvel environnement social et technologique souhaité par les néo-libéraux. Nico Hirtt montre particulièrement bien que l'École est désormais pensée selon un schéma nouveau fait de fluidité, de perméabilité, de décloisonnement qui la met immédiatement en communication avec les impératifs des entreprises privées et les logiques du marché du travail « assoupli ».

Cette déconstruction de l'ancien modèle d'école publique menée par les instances européennes et la reconstruction parallèle du nouveau modèle sont présentées sous leurs différents angles, celui des arguments et des alibis, celui des nouveaux concepts, celui des réformes et des recommandations dans les différents pays européens, celui des effets anti-démocratiques auxquels on peut s'attendre. Mais tout ce travail symbolique mené par l'OCDE, la Commission européenne, les diverses administrations nationales en position de relais, n'est pas une fin en soi. Il est partie prenante d'une stratégie de contrôle des systèmes éducatifs par le monde patronal, via des dispositifs de partenariat privé-public, via des formes accrues de dépendance financière et pédagogique des établissements scolaires, via des logiques de « pilotage » des structures éducatives par les besoins du marché. Ce qui arrive à l'École n'est au fond qu'une extension de la domination exercée sur la société et sur les institutions politiques par les forces les plus puissantes aujourd'hui, celles des grands groupes privés. On dira certes que cette volonté de puissance du monde patronal n'est guère nouvelle, et Nico Hirtt le rappelle dans les dernières pages. Mais il faut aussi remarquer combien la conjoncture est favorable à cette mise sous tutelle de l'École : affaiblissement des critiques du capitalisme, longue anesthésie des partis classiques d'opposition, chantage à l'emploi, besoins accrus de financement dans un contexte d'austérité budgétaire, crise prolongée des systèmes d'enseignement incapables de réaliser leurs promesses d'égalité des chances dans une société inégalitaire, mobilisation et subordination des savoirs dans la concurrence entre capitalismes. Impensable hier, cette soumission de l'École et de l'Université est bien à l'ordre du jour sous la forme d'une liquéfaction progressive des structures et des catégories de pensée de l'école publique ancienne.

L'école libérale telle qu'elle se profile est-elle viable ? Le discours et les réformes qui s'en inspirent sont-ils seulement cohérents entre eux ? Rien n'est moins évident. Et c'est là sans doute ce qui doit faire l'objet d'une réflexion vigilante et d'une discussion approfondie. Le nouveau modèle libéral semble « travaillé » par des contradictions de plus en plus flagrantes et alimenter une contestation toujours plus vive. Comment, pour s'en tenir à ce seul point, peut-on soutenir d'un côté qu'il est urgent d'élever le niveau des connaissances de la population pour des raisons de compétitivité et d'insertion professionnelle et faire en sorte, de l'autre, que les systèmes éducatifs s'appauvrissent financièrement et culturellement ? L'ouvrage de Nico Hirtt invite en tout cas le lecteur à penser que l'École n'a pas fini d'être l'un des principaux terrains de conflit social, culturel et politique. Ce qui en fait tout le contraire d'un livre défaitiste.

Enfin, et ce n'est pas le moindre des mérites du présent ouvrage, il ne manifeste aucune nostalgie envers un supposé âge d'or de l'école publique. La critique du présent ne se confond pas avec la justification du passé. Nico Hirtt explique fort pertinemment que l'École a toujours été un lieu de confrontation de forces contraires et de logiques opposées dans des sociétés aussi socialement divisées que les nôtres. Et c'est en s'appuyant sur ce qui, hier, était déjà promesse d'une école plus démocratique, que l'on peut aujourd'hui critiquer les orientations actuelles qui, sous couvert de « modernisation » de l'enseignement, constituent de graves régressions en matière d'égalité devant le savoir. Lutter pour l'École démocratique est un combat permanent qui implique toutes les dimensions de la vie sociale et politique, nous rappelle Nico Hirtt. En ce sens, le message qui conclut son livre est bien dans le droit fil de la plus grande tradition progressiste.

Note en marge de l'édition 2005

Une communication de la Commission...

Au moment de la publication de la première édition de cet ouvrage, en 2000, je n'imaginais pas à quel point la demi-décennie qui commençait allait être marquée par un coup d'accélérateur dans les réformes dont je tentais précisément d'analyser les causes et la nature.

Car en mars de la même année, le Conseil européen réuni à Lisbonne, constatant que l'Union européenne se trouvait « face à un formidable bouleversement induit par la mondialisation et par les défis inhérents à une nouvelle économie fondée sur la connaissance », avait retenu un objectif stratégique fort : l'Union devait, d'ici à 2010, « devenir l'économie de la connaissance la plus compétitive et la plus dynamique du monde ». Le Conseil soulignait que ces changements appelaient non seulement « une transformation radicale de l'économie européenne », mais aussi « un programme ambitieux en vue de moderniser les systèmes de sécurité sociale et d'éducation ». Comme le reconnaît la Commission européenne elle-même dans une communication de 2003, cela revenait à décider de l'instrumentalisation totale de l'enseignement au service de la compétition économique: «Jamais auparavant le Conseil européen n'avait accordé une telle reconnaissance au rôle joué par les systèmes d'éducation et de formation dans la stratégie économique et sociale et l'avenir de l'Union».

Encore fallait-il traduire les objectifs généraux de Lisbonne en une stratégie cohérente en matière de politique éducative. C'est ce à quoi se sont attelés les ministres de l'éducation lors des Conseils de Stockholm (mars 2001) et de Barcelone (mars 2002). À Stockholm, les ministres décidèrent de retenir trois objectifs stratégiques: «améliorer la qualité et l'efficacité des systèmes d'éducation et de formation», «faciliter l'accès de tous aux systèmes d'éducation et de formation» et «ouvrir au monde extérieur les systèmes d'éducation et de formation». Nous verrons plus loin ce que signifient, ici, les mots «qualité» et «ouverture». À Barcelone, ces trois objectifs stratégiques furent traduits en treize «objectifs concrets» comme: «développer les compétences de la société de la connaissance», «augmenter les investissements dans le capital humain», «renforcer les liens avec le monde du travail» ou encore «développer l'esprit d'entreprise». Ces objectifs communs furent fondus en un document stratégique: «Éducation et formation en Europe: systèmes différents, objectifs partagés», publié en 2002. Enfin, en mai 2003, la Commission fit adopter cinq critères d'évaluation ou «benchmarks» afin de juger de la mise en œuvre de la stratégie commune.

L'école au service de l'économie

Les systèmes éducatifs des sociétés capitalistes avancées affrontent désormais une contradiction majeure : comment concilier la modernisation de l'enseignement au service de l'économie avec des contraintes budgétaires de plus en plus restrictives ? La réponse à ce dilemme est au cœur de la stratégie élaborée à la suite de Lisbonne. Elle consiste à adapter l'enseignement à un environnement économique hautement imprévisible et à un marché du travail où les niveaux de qualification tendent davantage à s'étirer, à se polariser, qu'à s'élever.

Si la « société de la connaissance » réclame un nombre croissant de spécialistes de différents niveaux – formations professionnelles, techniques et supérieures – dans certains secteurs bien particuliers, le marché du travail crée aussi, paradoxalement, de plus en plus d'emplois à très faible niveau de qualification. En France, après une chute régulière depuis plusieurs décennies, le nombre des emplois « non qualifiés » a recommencé à augmenter, passant de 4,3 à 5 millions au cours des dix dernières années (Enquête emploi 1982-2001, INSEE). Ces travailleurs dits « non qualifiés » doivent pourtant disposer d'un grand nombre de compétences : savoir lire, écrire, calculer, se servir d'un traitement de texte ou d'Internet, savoir prononcer quelques phrases standardisées dans deux ou trois langues européennes dont, obligatoirement, l'Anglais. D'où la nécessité de préciser les « compétences de base » dont ils devront être porteurs.

Dans ce contexte, la vision classique de la « démocratisation » – plus exactement : de la massification – de l'enseignement, pensée comme une hausse générale et continue de l'accès aux savoirs pour tous, peut aujourd'hui être remplacée par une vision duale et flexible : renforcer et spécialiser les formations supérieures ou techniques des uns, tout en abaissant la formation commune au rang d'un socle minimal de vagues compétences « sociales » et « transversales ». Quant à la mise à jour des connaissances et des compétences des travailleurs, pour assurer le maintien de leur productivité dans un environnement technique et économique en évolution rapide, ce sera l'affaire, non plus du système éducatif formel, mais de la formation « tout au long de la vie ».

Certes, il n'y aura pas d'*emploi* pour tous, mais en assurant l'*employabilité* de tous dans ces postes de travail précaires et flexibles, on augmente la réserve de recrutement de main-d'œuvre et on garantit ainsi le maintien d'une pression constante sur les salaires.

Voici comment le document « Éducation et formation en Europe » définit les compétences nécessaires dans la prétendue « société de la connaissance » : non seulement savoir compter, lire et écrire, mais aussi des compétences de base en sciences, langues étrangères, l'utilisation des TIC et des technologies, la capacité d'apprendre à apprendre, les compétences facilitant la vie en société, l'esprit d'entreprise et ce qui pourrait être qualifié de culture générale ». Remarquons au passage qu'ailleurs on ne parle plus guère de « ce qui pourrait être qualifié de culture générale ». Cette « compétence » semble bien ne figurer là que pour la forme. En revanche, on précise soigneusement ce que l'on entend par « esprit d'entreprise » et comment y parvenir. L'éducation et la formation devraient, nous dit-on, « faire comprendre la valeur de l'entreprise au sens le plus large possible du terme, c'est-à-dire l'empressement pour résoudre des problèmes, l'investissement en termes de temps et d'efforts en vue de réussir, la volonté de prendre des initiatives et des risques raisonnables. »

À cette fin, l'un des moyens préconisés est de renforcer les liens entre l'école et le monde de l'entreprise. En effet, la Commission estime que les systèmes d'éducation et de formation en Europe sont trop souvent « repliés sur eux-mêmes » et qu'ils ont « besoin de cette collaboration pour devenir eux-mêmes des organisations d'apprenants, pour rester ouverts aux évolutions, aux contributions, aux idées et aux talents de l'extérieur, et pour conserver – ou acquérir – leur utilité face aux besoins réels des personnes qui s'y forment ». C'est ce constat, ce déficit d'adaptabilité de l'enseignement face aux demandes rapidement changeantes de l'environnement économique, qui justifie un discours prônant toujours plus de décentralisation, de dérégulation et d'autonomie : « des institutions plus ouvertes et plus réceptives seront [...] plus à même de stimuler l'esprit d'entreprise et d'initiative dont les étudiants, les personnes en formation et les diplômés ont besoin ».

Sur le plan des investissements à consacrer en vue d'atteindre les objectifs fixés à Lisbonne, la Commission explique qu'il s'agit d'une part d'assurer « une distribution équitable et efficace des ressources disponibles » et d'autre part de développer « le potentiel des partenariats entre les secteurs public et privé ».

Madame Reding se fâche !

Le 11 novembre 2003, la Commission européenne publiait une communication d'une importance capitale, qui n'a pas reçu à l'époque toute l'attention qu'elle méritait : « Éducation et formation 2010 : l'urgence des réformes pour réussir la stratégie de Lisbonne ».

Dans ce document, Madame Reding, le Commissaire européen à l'Éducation qui a succédé à Edith Cresson, s'érige en juge des politiques éducatives nationales. Elle se dit satisfaite parce que « des efforts sont déployés dans tous les pays européens pour adapter les systèmes d'éducation et de formation à la société et à l'économie de la connaissance », mais, ajoute-t-elle, « les réformes entreprises ne sont pas à la hauteur des enjeux et leur rythme actuel ne permettra pas à l'Union d'atteindre les objectifs qu'elle s'est fixés. » Au terme d'un long réquisitoire, largement alarmiste, le texte de la Commission entreprend d'énumérer ce que devraient être les priorités des gouvernements pour les années suivantes. La Commission « propose » également des mécanismes de contrôle afin d'assurer que chacun respecte ces priorités. « À défaut », dit la Commission, « il est prévisible que l'écart entre l'Union et ses principaux concurrents grandira et, plus grave encore, que la réussite de la stratégie de Lisbonne dans son ensemble s'en trouvera fortement compromise ».

Constatant que l'effort public est dans l'impossibilité d'augmenter et qu'il a même diminué dans la plupart des États membres au cours de la période 1995-2000, la Commission conclut à un « sous-investissement du secteur privé, en particulier dans l'enseignement supérieur et dans la formation continue ». Par rapport à l'Union, l'effort privé est cinq fois plus important aux États-Unis (2,2 % du PIB contre 0,4 %) et trois fois plus au Japon (1,2 %).

Quant à la formation professionnelle, elle reste, aux yeux de la Commission, trop peu adaptée aux exigences actuelles de l'économie. « Peu de pays se sont vraiment engagés à faire de la filière professionnelle et de l'apprentissage en entreprise une alternative aussi attrayante que l'enseignement général ». Dès lors, « de nombreux secteurs doivent faire face à une pénurie de main-d'œuvre qualifiée ». Il convient ici de nuancer cette notion de « pénurie ». Elle signifie généralement, non pas une pénurie réelle, mais plutôt un taux de chômage sectoriel inférieur au taux de chômage moyen, ce qui tend à limiter la capacité des employeurs à faire pression sur les salaires et les conditions de travail et, par voie de conséquence, entraîne une perte relative de compétitivité par rapport à d'autres secteurs, dotés d'une réserve de recrutement plus vaste.

À l'autre extrême de la hiérarchie des emplois, la Commission estime que l'enseignement supérieur européen n'est « pas suffisamment compétitif ». Elle rappelle à cet égard que « la place de l'enseignement supérieur dans la stratégie globale de Lisbonne dépasse de loin le programme de réformes de structures initié par la Déclaration de Bologne ». Les questions clés, pour assurer aux universités européennes leur place dans le grand marché de l'enseignement supérieur, qui se dessine à l'horizon 2010 (dans le cadre de l'AGCS), sont « le financement, la diversité des institutions dans leurs fonctions et leurs priorités, la mise en place des pôles d'excellence, l'attrait des carrières ou le travail en réseaux ». Le signe que l'enseignement supérieur européen n'est pas encore prêt pour constituer un vaste marché, c'est, estime la Commission, le fait que la mobilité des étudiants reste faible. Elle ne concerne annuellement que 120 000 étudiants ERASMUS, soit 0,8 % de l'effectif total.

Enfin, la Commission stigmatise la trop faible participation des citoyens européens aux initiatives de formation tout au long de la vie, sensées assurer le maintien de leur productivité. Les lacunes en ce domaine résultent, aux yeux de Madame Reding, d'une « vision trop limitée aux exigences de l'employabilité » ou « d'un accent trop exclusif mis sur le repêchage de ceux qui sont passés à travers les mailles de l'éducation initiale ». Ces éléments se justifient, reconnaît la Commission, mais ils ne constituent pas à eux seuls une stratégie d'éducation et de formation tout au long de la vie.

La récré est finie...

Une fois ce constat accablant étalé sous le nez des mauvais élèves-ministres, Madame Reding, en bonne institutrice, passe à la phase de la « remédiation ». Elle va donc non seulement préciser aux cancres ce qu'elle attend d'eux mais, surtout, elle leur promet d'être désormais beaucoup plus stricte et de contrôler tout cela de très près.

Si la didactique moderne prône de « placer l'apprenant et non le programme au centre », les méthodes pédagogiques de la Commission et de la maîtresse Reding vont, en revanche, s'avérer beaucoup plus directives. Certes, on admet encore que « les priorités guidant les réformes et l'action sont définies par chaque pays, en fonction de conditions et de contraintes qui lui sont propres », mais « il est essentiel que cette réflexion et ces choix nationaux prennent désormais pleinement en compte les objectifs communs fixés au niveau européen dans le cadre de la stratégie de Lisbonne ». La Commission demande dès lors que chaque pays « fasse connaître ses priorités politiques d'investissement et de réforme dans l'éducation et la formation à court et à moyen termes, ainsi que la contribution à la réalisation des objectifs européens pour 2010 qu'il en attend ». Cet exercice devra ensuite permettre d'identifier « les domaines clés qui conditionnent le plus directement la réussite de chaque pays et celle de ses citoyens dans l'économie et la société de la connaissance et ceux qui requièrent des efforts de réforme et d'investissement plus soutenus ». En d'autres mots : chaque pays devra être capable de justifier, devant Mme Reding, comment les réformes qu'il entreprend dans le domaine de l'enseignement répondent bien aux stratégies européennes définies depuis Lisbonne.

Pour juger du travail de chaque ministre, on aura recours à ce que les sciences de l'éducation appellent « l'évaluation externe » : un « groupe de haut niveau » sera chargé de « faire le point des politiques nationales [...] et de définir les domaines de coopération les plus urgents ».

En réponse aux débats récurrents, dans différents pays, sur la manière de concilier les réformes nécessaires avec les impératifs budgétaires actuels, la Commission martèle, avec une clarté renouvelée, l'orientation à suivre. D'une part, dit-elle, on peut envisager « la réorientation vers l'éducation et la formation de ressources existantes affectées à d'autres secteurs où le rendement économique et social est plus limité » (la culture ? l'audiovisuel ? les soins de santé ?). Mais surtout, partant du constat que « le secteur public ne peut seul supporter le poids financier de la mise en œuvre de l'objectif fixé à Lisbonne », c'est donc le secteur privé qui devrait « avoir à assumer une responsabilité plus grande au niveau des investissements nécessaires dans l'éducation ». Elle estime dès lors « nécessaires » des mesures d'incitation pour un investissement accru de la part des entreprises et des individus.

En vue de développer l'éducation et la formation tout au long de la vie, la Commission exige « des réformes radicales et la mise en œuvre de stratégies nationales véritablement globales, cohérentes et concertées, elles-mêmes en phase avec le contexte européen ». Et pour contraindre les plus médiocres des ministres à faire preuve de diligence, Madame Reding pose des balises claires : « au plus tard en 2005, tous les pays devraient avoir défini une telle stratégie, en impliquant tous les partenaires concernés, et un plan d'action cohérent pour sa mise en œuvre portant sur toutes les dimensions des systèmes (formels et non formels) ».

Plus question de laisser les rênes aux gouvernements nationaux. On va développer et (faire) adopter des « références communes [...] pour plusieurs aspects importants de l'éducation et de la formation tout au long de la vie ». Elles concerneront : les principes de validation des compétences non formelles ; la définition des compétences clés « que chacun devrait acquérir » ; la définition des compétences et qualifications nécessaires aux enseignants et aux formateurs « pour assumer leurs nouveaux rôles » ; et les principes de base à respecter « pour une mobilité de qualité ». Ces références communes devraient être développées en 2005 et « leur utilisation systématique dans tous les pays constituer une priorité ».

Pour ce qui est plus précisément du socle commun de compétences pour l'enseignement obligatoire, la Commission préconise la définition, en 2005, « d'une référence communautaire pour un profil de connaissances et de compétences européennes à acquérir par les élèves », ce qui « permettrait de soutenir et de faciliter l'action nationale en la matière ». Il est certain que si Thélot, Fillon ou Arena peuvent dire, à propos de leur vision minimaliste de la formation obligatoire au niveau du collège ou du premier degré secondaire, « nous n'avons pas le choix, c'est un accord européen », cela leur facilitera grandement la tâche sur le plan politique...

Même en matière de recrutement et de formation des professeurs, l'Europe entend dicter sa loi aux pays membres. Ceux-ci devront « prendre des mesures pour attirer vers le métier d'enseignant et de formateur les meilleurs talents et les y garder, y compris par l'encouragement et la récompense des bonnes performances » (entendez : le paiement au mérite et le démantèlement des droits statutaires qui garantissent par exemple, aujourd'hui, qu'un prof de langue maternelle – excédentaire sur le marché du travail – sera aussi bien payé qu'un mathématicien qui est une denrée rare). Mais surtout, ces nouveaux enseignants, il faudra « les préparer à leurs nouveaux rôles dans la société de la connaissance et dans la transformation des systèmes d'éducation et de formation ». A cette fin, chaque pays devra mettre en place, en 2005, « un plan d'action en matière de formation continue du personnel éducatif [qui doit] avoir un impact positif sur l'évolution des carrières ».

S'agissant des formations techniques, professionnelles et universitaires, la Commission réclame la création d'un « cadre européen servant de référence commune pour la reconnaissance des qualifications » et « la création d'une plate-forme d'assurance qualité ou d'accréditation dans l'enseignement supérieur (en liaison avec le processus de Bologne) ». La Commission dit être « déterminée à tout mettre en œuvre pour les faire aboutir d'ici 2005 » et elle « s'attend » à ce que les États membres fassent de même.

La Commission impose ainsi que le projet « Éducation et Formation en Europe » devienne « dans les faits, un élément central dans la formulation des politiques nationales ». Mais plus question de faire, à ce sujet, confiance aux mauvais élèves-ministres, empêtrés face à des résistances jugées corporatistes, des traditions nationales forcément obsolètes. Étant donné le peu de temps qui reste pour agir jusqu'en 2010, la Commission s'arroge désormais le droit « d'assurer un suivi plus structuré et plus systématique des progrès réalisés ». Les États membres devront ainsi lui fournir chaque année « un rapport consolidé sur l'ensemble de leur action d'éducation et de formation contribuant à la stratégie de Lisbonne ».

Au moment où le débat fait rage sur l'adoption du projet de Traité constitutionnel européen, les manœuvres en cours dans le secteur de l'enseignement préfigurent sans doute à quelle portion congrue seront réduites les marges de manœuvre des gouvernements nationaux – et les droits des citoyens européens, puisque cette constitution ne leur accordera aucun pouvoir nouveau – face à une Commission européenne toujours plus puissante, enfermée dans le dogme inamovible et fondateur de l'Europe actuelle : ce qui est bon pour les marchés et pour les entreprises est bon pour tous.

Introduction

La triple « marchandisation »

Les réformes qui frappent depuis plus de dix ans les systèmes d'enseignement européens marquent une nouvelle étape historique dans un mouvement qui s'étale sur plus d'un siècle : le glissement progressif de l'école, depuis la sphère idéologico-politique vers la sphère économique. L'analyse marxiste établit une division entre « l'infrastructure » économique de la société et sa « superstructure » juridique, politique et idéologique. Cette catégorisation n'est cependant pas hermétique. Comme lieu de socialisation et d'endoctrinement, l'école constitue un élément crucial de l'appareil idéologique d'Etat, mais en formant la main-d'œuvre, elle joue également un rôle essentiel dans la sphère économique. La pensée marxiste classique estime que le premier de ces deux aspects est dominant, ce qui, s'agissant du XIXe siècle, est certainement vrai. Mais est-ce là une caractéristique immuable ? Le XXe siècle a vu une montée en puissance régulière des fonctions économiques de l'enseignement dans les pays capitalistes. Cette tendance connaît actuellement une accélération brutale. Depuis la fin des années 1980, les systèmes éducatifs sont soumis à un feu roulant de critiques et de réformes, expression de leur mise en adéquation avec les nouvelles exigences de l'économie capitaliste globalisée. Sur le plan des contenus, cette évolution se traduit par un glissement des connaissances vers les compétences, par une dérégulation et une dualisation des exigences ainsi que par l'accent mis sur l'initiation aux technologies de l'information et de la communication. Les structures des systèmes d'enseignement sont également affectées. On abandonne progressivement les systèmes dirigés centralement par l'Etat, au profit de réseaux plus informels « d'offreurs d'éducation » publics et privés, en situation de forte concurrence mutuelle. Dans la foulée, les marchés s'attachent à conquérir tous les niveaux potentiellement rentables du gigantesque service éducatif.

Ce qui est en cours désormais, c'est une véritable « marchandisation » de l'école, dont il convient de distinguer trois aspects. Premièrement, la mise en adéquation étroite des contenus, des structures et des méthodes d'enseignement avec les attentes des employeurs. Deuxièmement, l'utilisation à grande échelle des systèmes éducatifs aux fins de stimuler certains marchés. Troisièmement, la transformation de l'enseignement et des savoirs en ce « grand marché du XXe siècle » que l'ex-ministre français Claude Allègre appelait de ses vœux.

De l'appareil idéologique à l'infrastructure économique

L'école primaire du XIXe siècle se développa d'abord comme un lieu de socialisation. La parcellisation et la déqualification du travail manuel, résultats de l'industrialisation, avaient démantelé petit à petit le système maître-apprenti hérité du Moyen Âge. Or, celui-ci n'avait pas qu'une fonction strictement professionnelle. Le jeune y apprenait bien plus qu'un métier : il était aussi éduqué, discipliné, instruit dans les savoirs nécessaires à la vie quotidienne et à la vie en société. À la campagne, cette socialisation de l'enfant était réalisée en famille. Là encore, l'urbanisation et l'éclatement du modèle des familles traditionnelles vinrent briser des siècles de tradition. Quand, en 1841, le roi des Belges, Léopold Ier, plaida la cause de l'instruction publique, il insista avant tout sur l'idée qu'il s'agissait d'une « question d'ordre social ». [1]

Avec la montée du mouvement ouvrier organisé et les menaces que celui-ci faisait peser sur l'ordre établi, les classes dirigeantes assignèrent progressivement une deuxième mission idéologique à l'école primaire du peuple : assurer la société d'un minimum de cohésion politique. En France, Jules Ferry fonda l'école républicaine au lendemain de la Commune de Paris en expliquant : « Nous attribuons à l'Etat le seul rôle qu'il puisse avoir en matière d'enseignement et d'éducation. Il s'en occupe pour maintenir une certaine morale d'Etat, certaines doctrines d'Etat qui importent à sa conservation ». [2] Parmi ces doctrines figurait en bonne place le patriotisme et les charniers de la Grande Guerre témoignent devant l'Histoire de l'efficacité meurtrière qu'a eu l'instruction publique comme appareil idéologique d'Etat.

Face à cette école primaire, destinée aux enfants du peuple, l'enseignement secondaire du XIXe siècle jouait un rôle parallèle pour les enfants des classes dominantes. Il devait doter ceux-ci des savoirs qui leur permettraient d'occuper les postes dirigeants dans la société bourgeoise. Il légitimait le pouvoir et contribuait à en forger les armes.

Mais à partir du début du XXe siècle, les progrès des technologies industrielles, la croissance des administrations publiques et le développement des emplois commerciaux firent renaître une demande de main-d'œuvre davantage qualifiée. Si, pour la majorité des travailleurs, une socialisation de base suffisait toujours, certains devaient cependant acquérir une plus haute qualification professionnelle. Un retour à l'apprentissage traditionnel n'y aurait pas suffi. Le système éducatif s'ouvrit dès lors à des sections « modernes », techniques ou professionnelles. On commençait à assigner à l'enseignement une fonction économique. Par la force des choses, l'école devint également une machine à sélectionner. Les résultats en fin d'études primaires déterminaient en effet largement qui, parmi les enfants du peuple, aurait le privilège de poursuivre des études secondaires. Ainsi se développa un discours méritocratique présentant l'enseignement comme un moyen de promotion sociale pour « les plus doués » ou « les plus méritants ».

C'est au lendemain de la Deuxième Guerre mondiale, dans un contexte de croissance économique forte et durable, d'innovations technologiques lourdes et de long terme – électrification des chemins de fer, infrastructures portuaires et aéroportuaires, autoroutes, nucléaire, téléphonie, pétrochimie – que le rôle économique de l'école s'imposa au premier plan. D'importantes pertes d'emplois frappèrent des secteurs qui avaient toujours été grands consommateurs de travail manuel peu qualifié. L'époque réclamait donc non seulement une croissance de la main-d'œuvre salariée, mais encore et surtout une élévation générale du niveau d'instruction des travailleurs et des consommateurs. On assura cette élévation par la massification au pas de charge de l'enseignement secondaire et, dans une moindre mesure, de l'enseignement supérieur.

Il ne fut généralement pas nécessaire de légiférer pour allonger la durée de la scolarité. La perception par les parents et les jeunes du glissement dans la composition des emplois et leur espoir de promotion sociale stimulèrent la demande d'enseignement secondaire et supérieur. Ces espoirs ont bien sûr été déçus, l'ouvrier qualifié occupant désormais dans la hiérarchie sociale la position qu'y avait, trente ans plus tôt, l'ouvrier non qualifié. Mais ils contribuèrent néanmoins grandement à entretenir la motivation scolaire d'une génération d'enfants du peuple. Tout cela fut réalisé aux frais de l'Etat qui en avait – encore – les moyens : la croissance durable et la stabilité économique rendaient possibles une croissance parallèle des recettes fiscales et des investissements publics de long terme.

Durant toute cette époque, le discours patronal sur l'éducation fut avant tout un discours quantitatif. Il fallait que davantage de jeunes poursuivent des études secondaires et supérieures. Il fallait une meilleure adéquation quantitative entre les différentes filières et les besoins du marché du travail. Dès lors, les aspects qualitatifs de l'adéquation enseignement-économie (objectifs, contenus, méthodes, structures) restèrent des questions de moindre importance. L'école secondaire qui se massifie entre 1950 et 1980 ne change pas fondamentalement de nature. Malgré quelques velléités de réformes, ses cursus restent très largement calqués sur ceux des décennies précédentes, au moins dans les filières d'enseignement général.

Un nouveau contexte économique

Le nouvel environnement économique, qui se met en place après la crise des années 1970, présente des caractéristiques fort différentes. Trois d'entre elles vont jouer un rôle crucial dans la redéfinition des politiques d'enseignement.

La première est liée à l'innovation technologique. L'accumulation des connaissances induit une accélération constante du rythme des mutations techniques. Dans leur course à la compétitivité, les industries et les services se saisissent de ces innovations pour obtenir des gains de productivité ou pour conquérir de nouveaux marchés. À son tour, la guerre technologique exacerbe les luttes concurentielles, ce qui se traduit par la multiplication des faillites, des restructurations, des rationalisations, des fermetures d'usines et des délocalisations. La fuite en avant dans la mondialisation et la globalisation capitalistes, favorisées elles aussi par le développement des technologies de la communication, ne font qu'aiguiser davantage cette lutte à mort entre entreprises, secteurs et continents. En retour, l'exacerbation des luttes concurentielles pousse les industriels à accélérer le développement et l'introduction de nouvelles technologies dans la production et sur les marchés de masse. Il avait fallu 54 ans à l'avion pour conquérir 25 % de son marché ; le téléphone a mis 35 ans ; la télévision 26 ans. L'ordinateur personnel, lui, a conquis un quart de son marché potentiel en 15 ans, le téléphone portable en 13 ans et Internet en 7 ans seulement. Ainsi, l'environnement économique, industriel, technologique est devenu plus instable, plus changeant, plus chaotique qu'il ne l'a jamais été. L'horizon de prévisibilité économique se rétrécit sans cesse.

La deuxième caractéristique essentielle de l'économie « nouvelle » concerne l'évolution du marché du travail. L'instabilité économique se traduit d'abord par une précarité croissante de l'emploi. En France, l'emploi précaire concerne aujourd'hui plus de 70 % des jeunes au début de leur vie active. Durant les seules années 1994-1995, le nombre de contrats à durée déterminée a presque doublé.[3] Les travailleurs sont amenés à changer régulièrement de poste de travail, d'emploi, voire de métier.

Les emplois ne sont pas seulement instables, leur nature change aussi. On l'a dit et redit : la « nouvelle économie » réclame une croissance impressionnante du nombre d'informaticiens, d'ingénieurs, de spécialistes en entretien de parcs informatiques et en gestion de réseaux. C'est l'aspect le plus connu, car le plus ressassé de l'évolution du marché du travail. Il ne s'agit pourtant que de la pointe émergée de l'iceberg. On insiste beaucoup moins sur l'autre aspect de cette évolution : la croissance plus explosive encore des emplois à faible niveau de qualification.

Près de 60 % des emplois créés en France durant les années 1960 étaient des postes à faible niveau de qualification. Une étude prospective du ministère américain de l'Emploi, portant sur la période 1998-2008, montre que cette tendance se renforcera dans les années à venir. Certes, les postes d'ingénieurs et les métiers liés aux TIC connaîtront la plus forte croissance *en pourcentage*. Mais pas *en volume*. Ainsi, sur les 30 professions pour lesquels cette étude prévoit la plus importante croissance nominale (c'est-à-dire en nombre absolu d'emplois), on en compte 16 du type « *short term on the job training* » (formation de courte durée, « sur le tas »). On y trouve, en vrac, des postes de vendeurs, de gardes, d'assistants sanitaires, d'agents d'entretien, d'hôtesses d'accueil, de conducteurs de camion ou encore de « remplisseurs de distributeurs de boisson et d'aliments » (250 000 nouveaux emplois sont prévus dans ce seul secteur). Sur un total escompté de 20 millions de nouveaux emplois aux Etats-Unis d'ici 2008, 7,6 millions seront de ce type-là, contre 4,2 millions de « *bachelors* » (formation supérieure de courte durée). En d'autres mots, les extrêmes progressent, le milieu se creuse.

Enfin, troisième caractéristique de l'environnement économique actuel, conséquence là encore de l'exacerbation des luttes concurrentielles et d'une courbe de croissance chaotique : le désengagement de l'Etat des services publics. Les milieux économiques pressent les gouvernements de diminuer la pression fiscale – sur les bénéfices des entreprises et les revenus de capitaux, mais également sur les revenus du travail puisque cela augmente leur propre marge de manœuvre dans la négociation salariale. Quand bien même elles le voudraient – ce qui est rarement le cas – les autorités politiques peuvent difficilement résister à ces pressions, la mondialisation de l'économie rendant terriblement efficace le processus de « défiscalisation compétitive ».

Instabilité et imprévisibilité des évolutions économiques, dualisation des qualifications requises sur le marché du travail, crise récurrente des finances publiques : tels sont les trois facteurs qui déterminent, à partir de la charnière des années 1980-1990, une révision fondamentale des politiques éducatives.

Durant trente ans, les milieux économiques avaient concentré leur attention sur le développement quantitatif de l'enseignement. Désormais, ils se tournent vers les aspects qualitatifs. Ils le font avec d'autant plus de force que le bouleversement des conditions de la production et l'exacerbation des luttes concurrentielles rendent urgente, à leurs yeux, une réforme fondamentale de l'enseignement : sur le plan des structures, des contenus enseignés et des méthodes.

Après la publication des premiers rapports de l'ERT sur l'enseignement européen, à partir de 1989, leurs lignes directrices seront reprises dans les analyses de l'OCDE, dans les « livres blancs » de la Commission européenne et dans diverses publications gouvernementales ou patronales locales.

Début 2001, la Direction Générale à l'Education et à la Formation que dirige alors Viviane Reding à la Commission européenne, a rédigé un document synthétisant les avis des Etats membres quant aux « objectifs concrets futurs des systèmes d'éducation ».[4] Ce texte situe d'emblée la mission essentielle de l'enseignement dans le cadre des objectifs que s'était fixé le Conseil européen de Lisbonne, en mars 2000 : « L'Union européenne se trouve face à un formidable bouleversement induit par la mondialisation et par les défis inhérents à une nouvelle économie fondée sur la connaissance ». Dès lors, l'objectif stratégique majeur auquel doit pleinement collaborer l'enseignement est de « devenir l'économie de la connaissance la plus compétitive et la plus dynamique du monde, capable d'une croissance économique durable ».

Soulignons ici le rôle croissant de la Commission européenne dans l'unification des politiques éducatives au service de l'économie. « Nous devons certes préserver les différences de structures et de systèmes qui reflètent les identités des pays et régions d'Europe », dit la Commission, « mais nous devons également admettre que nos principaux objectifs, et les résultats que nous visons tous, sont remarquablement semblables ». Et d'ajouter « qu'aucun Etat membre n'est en mesure d'accomplir tout cela seul. Nos sociétés, comme nos économies, sont aujourd'hui trop interdépendantes pour que cette option soit réaliste ». Si Edith Cresson fut l'initiatrice d'une réflexion stratégique sur l'éducation à l'échelle européenne, Vivane Reding est celle qui aura su passer du stade de la réflexion à celui d'une puissante politique éducative commune.

Un grand complot ?

Devant la collusion manifeste entre décideurs politiques et grands patrons à l'échelle mondiale, une mise au point s'impose. Ce n'est pas la première fois que le lecteur pourrait avoir le sentiment d'un vaste complot. Même à la modeste échelle européenne. Une poignée d'industriels ont-ils « acheté » la plupart des ministres de l'Education ? La Commission européenne développe-t-elle en secret des plans ourdis par une bande de cagoulards nichés dans les caves de la Table Ronde des Industriels ? La social-démocratie européenne a-t-elle touché des milliards de pots-de-vin pour satisfaire leurs exigences ?

Si tel était le cas, les choses ne seraient finalement pas trop graves. Il suffirait de dénoncer les comploteurs, de montrer au grand jour leurs manigances. Ensuite, sous la pression d'une opinion publique outrée et par les vertus de nos belles institutions démocratiques, l'école publique serait sans doute rapidement sauvée.

Hélàs ! La situation est bien pire. Il n'y a pas de complot. Tout se passe à découvert. Je n'oserais même pas affirmer que les ministres européens de l'Education, ceux-là même qui mettent en œuvre les plans de l'ERT, en ont lu tous les rapports. Sans doute, on se rencontre à l'occasion de réceptions, de cocktails, d'inaugurations en tous genres. On échange des points de vue. On s'assure d'être bien dans le droit chemin. Mais tout cela est secondaire. Allègre, Blunkett, Onkelinx ou leurs successeurs n'ont à vrai dire pas besoin des conseils avisés de l'ERT pour savoir ce qu'il convient de faire. Eux et leurs partis « socialistes » ont, depuis longtemps, fait le choix de gérer le système au lieu de le combattre. Dans les périodes de croissance et de stabilité, cela a pu s'accompagner de quelques « gestes sociaux », par exemple dans le domaine de l'enseignement ou de la sécurité sociale. Mais aujourd'hui, la crise et la mondialisation ont détruit ces maigres marges de manœuvre. L'Etat qui ne développe pas une politique aussi favorable que possible aux détenteurs de capitaux verra bien vite ces derniers s'expatrier. Or, dans le domaine de l'enseignement comme dans bien d'autres secteurs, cette politique « réaliste » – donc « incontournable » – est essentiellement faite de déréglementation et de dualisation. Les plus intelligents de nos ministres de l'Education n'ont pas besoin d'ERT, ni d'OCDE, ni de Commission européenne pour s'en convaincre. Ils ont, eux aussi, appris à réfléchir avec leur propre tête. Tous ces rapports, tous ces Livres Blancs et ces mémorandums permettent d'unifier les points de vue, de peaufiner l'argumentaire, d'échanger des expériences pilotes. Ils peuvent être le vecteur du changement, mais ils n'en sont pas la force motrice.

Où réside-t-elle alors cette force motrice de la « rénovation » des systèmes éducatifs ? Je crois avoir montré qu'il fallait la chercher dans les mutations technologiques et les bouleversements économiques. L'école ne fait, somme toute, que s'adapter à la dérégulation du travail. Et celle-ci découle à son tour de l'action conjuguée d'une crise économique sans précédent et de technologies – notamment l'acroissement des vitesses de communication et de traitement de l'information – qui rendent possibles des évolutions cruciales telle la production à flux tendu (*just-in-time*) et la globalisation.

Un retour salutaire à Marx s'impose pour comprendre ce qui, dans les bases matérielles de la société, impulse l'évolution actuelle. Une fois de plus, le développement accéléré des forces productives – des technologies, des connaissances, des méthodes de travail – entre en contradiction avec les rapports de production existants. L'évolution vers un nouvel équilibre passe par l'apparition de discours et de théories destinés à accompagner et à justifier cette mutation. C'est le rôle que joue aujourd'hui l'idéologie dite « néo-libérale », la « pensée unique ». Elle est assurément une force agissante, un puissant catalyseur du changement. Mais cela ne doit pas nous faire oublier que, *in fine*, ce changement, tout comme l'idéologie qui le porte, trouvent tous deux leur origine dans les conditions économiques particulières de notre époque.

Lors des luttes contre les réformes Allègre, au printemps 1999, des enseignants français m'ont écrit pour me faire part de leur crainte de voir « disparaître l'école républicaine » et de la voir « remplacée par un système d'enseignement soumis aux diktats du monde économique ». Qu'ils se rassurent : depuis que le capitalisme existe, l'enseignement lui a toujours été inféodé. L'école républicaine, l'école de Jules Ferry, n'échappe pas à la règle. Pas plus que la *Comprehensive school* britannique, la *Folkeskole* danoise ou « l'enseignement rénové » belge. Notre société n'a jamais eu pour objectif d'assurer à tous les jeunes un accès égal aux savoirs ; elle n'a jamais envisagé d'élever constamment et consciemment le niveau d'instruction de toute la population. Les rapports de production exigent une séparation claire entre exécutants et décideurs, entre prolétaires et propriétaires. L'école doit impérativement refléter cette dualité fondamentale, sous peine d'entrer en contradiction violente avec les bases mêmes de cette société.

Mais il est vrai qu'à certaines époques, l'adaptation de l'enseignement aux besoins du capital laissait davantage de place à une certaine démocratisation, qui restait cependant toujours partielle, toujours bancale. C'est là le fruit des inévitables contradictions internes du capitalisme. Pour socialiser l'enfant à la fin du XIXe siècle, il a bien fallu aussi le scolariser et l'instruire. Pour attirer les « meilleurs » gosses du peuple vers les formations professionnelles spécialisées durant la première moitié du XXe siècle, on a été obligé de leur offrir un diplôme et une qualification reconnue, donnant droit à un salaire un peu plus avantageux. Pour pousser davantage de jeunes à poursuivre des études générales de plus longue durée, afin de répondre aux besoins spécifiques de la croissance des « Trente Glorieuses », il a bien fallu massifier l'enseignement secondaire en y investissant d'importants moyens publics.

Il est vrai aussi que dans certains pays, le mouvement ouvrier, le mouvement syndical et les forces progressistes ont su, mieux qu'ailleurs, jouer sur ces contradictions afin d'arracher par la lutte sociale des acquis démocratiques dépassant les intérêts des classes dominantes.

Mais certains en ont conclu à tort qu'il pouvait exister, sous le régime du capitalisme, un droit à l'instruction, un droit au savoir, un droit au diplôme ou à la qualification, là où il n'y avait que l'effet secondaire, bénéfique mais fortuit, du besoin de socialiser, d'éduquer, d'endoctriner et de former une main-d'œuvre compétitive et diversifiée. Et maintenant que les conditions économiques permettent – imposent même – aux possédants de restreindre ces effets secondaires, on aurait bien tort de crier soudain à « l'idéologie néo-libérale ». Car ils ne font finalement que ce qu'ils ont toujours fait : adapter l'école aux besoins du capital.

Comme le fait remarquer Samuel Johsua, professeur de sciences de l'éducation à l'Université de Provence, nous sommes à l'heure de « la mise en conformité des choix éducatifs avec le processus de "globalisation" marchande ». « Certains, dit Johsua, mènent le combat dans l'enthousiasme de la valorisation des choix qu'il comporte, d'autres s'y livrent de manière honteuse, en prenant ces valeurs comme des données de fait, indépassables, avec lesquelles il faut bien composer ».[5] Mais au-delà de ces nuances d'ordre tactique, qui divisent ultra-libéraux et sociaux-démocrates et qui sont fortement marquées par les particularités historiques et culturelles de chaque pays, la marge de manœuvre des adeptes du capitalisme moderne est bien étroite. Dans ces conditions, puisque de toute manière la politique menée sera à peu de choses près la même, le grand patronat européen préfère sans doute voir la « gauche » aux gouvernails des Etats, plutôt qu'une « droite » qui aurait davantage de mal à préserver la paix sociale.

Ne reste-t-il donc qu'à se résigner ? Non, mais il s'agit de prendre la pleine mesure du combat à mener. Les luttes des enseignants progressistes n'ont de sens que si elles s'inscrivent dans ce combat beaucoup plus vaste et plus complexe qu'est le combat contre la dictature du marché. Le droit à l'instruction pour tous, le droit d'accéder effectivement aux savoirs qui donnent force pour comprendre le monde et pour participer à sa transformation, ne pourra être pleinement réalisé sans mettre fin aux causes premières du déterminisme social actuel, à savoir la division de la société en classes sociales inégales. En attendant, la bataille pour une école démocratique, en arrachant des victoires partielles ou en freinant les réformes voulues par les milieux dirigeants, attise aussi les contradictions du système et contribue ainsi de façon déterminante à en accélérer l'éclatement.

En d'autres mots, il ne faut ni se résigner à l'école libérale ni s'illusionner sur la possibilité de l'empêcher. Quelle qu'en soit l'issue à court terme, le combat contre l'école dérégulée, dualisée, appauvrie et « marchandisée » est un moment nécessaire dans la lutte pour l'avènement d'une société plus juste et plus humaine, condition première d'une école pour tous et d'un savoir réellement partagé.

1.

À la charnière de deux époques

Une massification sans démocratisation

La prolongation massive de la durée des études après la Deuxième Guerre mondiale n'est pas tombée du ciel. Elle ne fut pas davantage le produit d'un brusque sursaut moral, d'une soudaine « prise de conscience » du droit à l'éducation. Elle trouve plus modestement son origine principale dans les conditions économiques de l'époque. Durant les années 1945-1975, sous la double pression d'une croissance exceptionnelle et d'innovations technologiques et industrielles sans précédent – électroménager, transports, nucléaire, industrie chimique – le marché du travail a connu une forte croissance en volume ainsi qu'un glissement vers des emplois nécessitant des niveaux de qualification de plus en plus élevés. À son tour, cette évolution a alimenté une demande croissante en formation et en instruction. En France, moins de la moitié des jeunes de 14 ans étaient scolarisés en 1946. Cinquante ans plus tard, plus d'un jeune sur deux était en cours d'études à l'âge de 20 ans. La part de bacheliers dans une génération est passée de 4% en 1946 à plus de 60% aujourd'hui.[1] En Belgique, le taux de participation à l'enseignement chez les jeunes de 16-17 ans a doublé entre 1956 et 1978, passant de 42% à 81%.[2]

Les Etats, déjà chargés de la mise en place d'une vaste infrastructure de développement économique – ports, aéroports, centrales électriques, chemins de fer, télécommunications – prirent naturellement sur eux la mission de généraliser l'accès à l'enseignement secondaire et, dans une moindre mesure, à l'enseignement supérieur. On vit se développer de vastes réseaux d'enseignement secondaire, généralement publics ou financés par l'Etat. Dans la foulée, les dépenses d'enseignement augmentèrent considérablement, passant de quelque 3% à plus de 5% du PNB, parfois même 7%. La massification s'est donc également appuyée sur la situation budgétaire relativement favorable qui prévalait dans la plupart des pays industrialisés.

Insistons sur le terme: c'est bien de massification qu'il convient de parler et non de démocratisation de l'enseignement, bien que le discours officiel se plaise à confondre les deux concepts. Si le niveau d'accès à l'enseignement s'est effectivement élevé pour les enfants de toutes catégories sociales, les inégalités relatives n'ont pas décru pour autant. Ainsi, l'Institut National de Statistiques (INSEE), a démontré qu'en France la mobilité sociale n'avait guère changé: la probabilité pour un enfant de cadre d'obtenir un diplôme supérieur à celui d'un enfant d'ouvrier est toujours d'à peu près huit chances sur dix, aujourd'hui comme il y a plus de trente ans.[3] Dans la Communauté flamande de Belgique, pour ne citer qu'un autre exemple, les chercheurs du *Centrum voor Sociaal Beleid* ont également observé «un écart inchangé entre la participation à l'enseignement supérieur des enfants de familles fortement ou faiblement scolarisées».[4]

Adapter l'enseignement à une économie en crise

La crise économique qui éclate au milieu des années 1970 marque, un peu partout en Europe, un coup d'arrêt brutal au mouvement de croissance des investissements dans l'enseignement. Au début, la plupart des Etats se contentent de mesures d'austérité budgétaire « en attendant la sortie du tunnel ». Ils ne remettent pas tout de suite en cause l'essence de la politique passée, à savoir la volonté de poursuivre la massification de l'enseignement. Leur discours ne changera que petit à petit, lorsque grandira la conscience que cette crise n'est ni locale ni passagère. Il faut attendre le milieu des années 1980 pour que les économistes admettent enfin que nous traversons la période de bouleversement et d'instabilités la plus profonde (des taux de chômage et de faillites qui dépassent largement ceux des années 1930), la plus étendue (puisqu'elle est planétaire) et la plus durable (déjà plus de trente ans maintenant) que le capitalisme ait connu.

En 1989, le groupe de pression patronal de la Table Ronde des Industriels européens (en anglais : ERT) publie son premier rapport sur l'enseignement, clamant que « l'éducation et la formation sont considérées comme des investissements stratégiques vitaux pour la réussite future de l'entreprise ». Dès lors, « le développement technique et industriel des entreprises européennes exige clairement une rénovation accélérée des systèmes d'enseignement et de leurs programmes. »[5]

D'autres rapports suivront, tout au long des années 90, précisant les « recommandations » patronales quant à « la manière d'adapter globalement les systèmes d'éducation et de formation permanente aux défis économiques et sociaux ».[6] Les lignes directrices de ces rapports seront reprises dans les analyses de l'OCDE, les « livres blancs » de la Commission européenne et diverses publications gouvernementales ou patronales locales. Que disent tous ces textes ? Essentiellement ceci: pour mieux adapter l'enseignement aux exigences actuelles de l'économie, il faut en finir avec les lourdes structures éducatives héritées de l'ère de la massification, avec leurs cursus immuables et uniformes. En lieu et place, il faut des réseaux flexibles d'« initiatives éducatives », des « lieux de formation » diversifiés et différenciés, des institutions souples et en situation de forte concurrence mutuelle.

Par la double action des mutations technologiques et de la crise, c'est-à-dire de luttes concurrentielles plus acerbes, la vie industrielle est désormais marquée par une incroyable instabilité, un rythme de changement effréné. L'obsolescence rapide des savoirs enseignés par l'école conduit les décideurs à suggérer que le système d'enseignement se contente d'apporter aux jeunes les quelques compétences limitées (calcul, lecture, utilisation d'une interface informatique) qui leur permettront de s'adapter facilement aux changements de postes et d'environnement de travail. Pour le reste, l'école doit surtout leur inculquer les « savoir-être », les comportements qui feront d'eux des travailleurs disciplinés et des citoyens respectueux des institutions en place. Ils devront être adaptables et autonomes, capables de se recycler par eux-mêmes et à leurs propres frais (ce que l'on appelle hypocritement : « apprendre tout au long de la vie »). Ils seront également « souples » sur le plan des relations sociales : dévoués à leur entreprise et disposés à conformer leurs horaires de travail aux exigences de la production. Tout cela compte beaucoup plus que les connaissances générales – en histoire, en sciences ou en littérature par exemple – que l'école apportait traditionnellement aux jeunes.

Il s'agit désormais, comme le recommande en 1997 le Conseil européen réuni à Amsterdam, «d'accorder la priorité au développement des compétences professionnelles et sociales pour une meilleure adaptation des travailleurs aux évolutions du marché du travail».[7] Au nom de «l'allègement des programmes» et par une espèce de détournement habile du discours pédagogique anti-élitiste, l'école est amenée à abandonner sa mission centrale d'instruction au profit de la formation et d'une certaine conception de l'éducation. Les connaissances cèdent la place aux compétences et à la citoyenneté. En même temps, le concept flou d'«employabilité» se substitue à la vieille notion de qualification et, par là même, tout ce qu'elle impliquait de réglementation et de protections sociales est mis au rancart.

Dans certains métiers, une formation technique pointue reste évidemment nécessaire. Mais puisque l'école est incapable de suivre cette évolution technologique, on préconisera, là où c'est possible, une formation professionnelle en entreprise, par exemple sur le modèle du système allemand d'enseignement «en alternance».

Parallèlement, sur le plan des structures, les établissements scolaires eux-mêmes sont appelés à devenir davantage flexibles, afin de s'adapter plus facilement (par l'autonomie) et plus rapidement (par la pression de la concurrence) aux évolutions rapides du marché de l'emploi. Voilà pourquoi, comme le souligne Claude Allègre, «le centralisme, c'est du passé».[8] Lorsqu'il dit vouloir «moderniser l'appareil éducatif», le ministre français entend, premièrement, en flexibiliser l'organisation et, deuxièmement, en alléger et déréguler les contenus. Le rapport 1998 de l'OCDE conclut avec une rare clarté: «la mondialisation – économique, politique et culturelle – rend obsolète l'institution implantée localement et ancrée dans une culture déterminée que l'on appelle “l'école” et en même temps qu'elle, “l'enseignant” ».[9]

La nouvelle donne du marché de l'emploi

Du point de vue de la démocratisation de l'enseignement, les conséquences de cette dérégulation sont désastreuses. L'autonomie et la concurrence libèrent la tendance naturelle au développement inégal, donc au renforcement des hiérarchies sociales entre établissements. L'abandon d'objectifs cognitifs au profit des seules compétences liées à l'employabilité prive surtout les enfants d'origine populaire de l'accès à des savoirs généraux qui donnent force pour comprendre le monde, donc pour le changer. L'adéquation école-entreprise signifie davantage de sélection et un fossé croissant entre les filières d'enseignement.

Mais qu'à cela ne tienne, on peut bien abandonner maintenant certains discours trompeurs sur l'école démocratique, ces discours qui avaient accompagné la massification pendant plus de trente ans. Pour la simple raison qu'on n'a plus besoin de massifier comme on l'a fait jusque là. La situation sur le marché de l'emploi a totalement changé. D'une part, l'Europe connaît un taux de chômage officiel qui n'a guère de chances de descendre rapidement et durablement sous la barre des 10 % (le taux réel, épuré des falsifications statistiques, est deux fois plus élevé). D'autre part, la crise et la dérégulation du travail ont donné naissance à une foule de « petits boulots », d'emplois précaires ne nécessitant guère de qualification pointue ni un niveau de savoirs généraux très élevé. Aux Etats-Unis, le rapport FAST II sur l'emploi a montré qu'on trouve en tête des professions au taux de croissance le plus fort: les nettoyeurs, suivis des aides-soignants, des vendeurs, des caissiers et des serveurs. Le seul emploi à composante technologique, celui de mécanicien, arrive en vingtième et dernière position.[10] Voilà pourquoi un minimum de compétences de base suffisent pour un grand nombre de jeunes. Après trente années d'élévation générale des niveaux de formation requis par le marché du travail, le monde industrialisé est entré dans une ère d'étirement des qualifications. Oui, on réclame des ingénieurs et des techniciens aux qualifications toujours plus élevées et plus pointues, mais en même temps, on exploite une masse croissante de main-d'œuvre « à tout faire » : assez compétente et flexible pour être productive, assez nombreuse et privée d'instruction pour être peu exigeante.

« Marchandisation » de l'enseignement

Une autre évolution se dessine petit à petit. La concurrence économique entraîne une formidable quête de nouveaux marchés. Une fois le tiers monde épuisé, les pays de l'Est conquis, les télécommunications, les transports publics, l'énergie avalés par le capital privé, que reste-t-il encore pour assouvir la soif du monstre ? L'enseignement ! Pour l'ensemble des pays membres de l'OCDE, celui-ci représente le dernier grand marché, un fabuleux pactole de 875 milliards d'euros par an, soit autant que le marché mondial de l'automobile.

C'est là qu'entrent en scène les « nouvelles technologies de l'information et des communications » (NTIC). Elles vont faire office de « cheval de Troie » dans l'assaut contre l'école publique. L'informatique, le multimédia et Internet nous sont présentés comme la nouvelle panacée, capable de résoudre d'un coup de baguette magique les problèmes de pédagogie, d'échec scolaire, de motivation et de manque d'encadrement. La vérité est plus prosaïque, et on peut la trouver noir sur blanc dans des textes plutôt confidentiels émanant de la Commission européenne: « On peut douter que notre continent tienne la place industrielle qui lui revient sur ce nouveau marché (des multimédias) si nos systèmes éducatifs et de formation ne suivent pas rapidement. Le développement de ces technologies, dans un contexte de forte concurrence internationale, nécessite que les effets d'échelle puissent jouer à plein. Si le monde de l'éducation et de la formation ne les utilisent pas, le marché européen deviendra trop tard un marché de masse. »[11] Aveu cynique, mais qui s'en étonnera ? Les milliards d'investissements de *France Telecom*, *Deutsche Telekom* ou *Belgacom* dans la connexion des écoles au réseau Internet n'ont évidemment rien du mécénat à vocation pédagogique...

Le vrai visage de l'austérité budgétaire

Adéquation école-entreprise, hiérarchisation renforcée, marchandisation: cette triple stratégie est souvent accompagnée d'une politique d'austérité budgétaire. La pression constante sur l'emploi contribue à stimuler la concurrence entre établissements, entre réseaux, donc leur adaptation aux exigences du marché. Le manque de moyens financiers pousse les établissements à recourir aux « sponsors » externes. Les maigres enveloppes budgétaires encouragent le remplacement des enseignants par des ordinateurs et des didacticiels. La contrainte de rationalisation conduit à abandonner les cours « moins importants », c'est-à-dire ceux qui ne répondent pas directement aux demandes du marché de l'emploi (entendez : des employeurs), souvent spontanément relayées par les parents. Le « coût excessif de l'échec scolaire » stimule des mesures diverses – telles l'interdiction administrative des redoublements ou, au contraire, des politiques d'orientation plus stricte – mais qui toutes conduisent en définitive à renforcer la sélection sociale. La baisse de qualité de l'enseignement public, consécutive au dé-financement, pousse les parents à chercher pour leurs enfants des formes alternatives d'instruction : écoles privées mais aussi CD-ROM ludo-culturels, livres, didacticiels, cours à distance sur Internet. Bref, tout concourt à la privatisation de l'enseignement. L'austérité budgétaire devient l'alibi d'une politique qui abandonne ouvertement le droit à une instruction de haut niveau pour tous et qui cède l'école au Capital afin que ce dernier puisse en soutirer un double profit: la vente lucrative du savoir et le contrôle direct des connaissances, compétences et comportements inculqués aux futurs travailleurs et consommateurs.

2.

Tous compétitifs

L'école au service de la guerre économique

L'approvisionnement de l'industrie et des services en travailleurs adaptés aux exigences de la production moderne est devenu, au fil des années, de loin la plus importante des multiples fonctions attribuées à l'enseignement. « Parmi les facteurs historiques de la croissance économique – la terre, le capital, le travail – le capital humain est devenu le plus important », note le secrétaire général de l'OCDE, Donald J. Johnston.[12] Cette prépondérance du rôle économique de l'enseignement a crû au rythme des progrès technologiques et de l'explosion des savoirs. Mais elle est devenue encore plus cruciale depuis que la crise économique et sa mondialisation ont décuplé la violence des guerres concurrentielles. Comme le disait Jürgen Rüttgers, qui fut ministre de l'Instruction dans le gouvernement d'Helmut Kohl : « L'industrie, les technologies et la société sont entraînées dans un tourbillon de mutations qui ne peuvent être maîtrisées qu'avec des forces de travail hautement qualifiées. Ces dernières constituent dès lors un facteur déterminant dans la compétition internationale. »[13]

Dans ces conditions, patronat et dirigeants politiques sont tous d'accord : la tâche primordiale de l'école européenne est de soutenir l'entreprise européenne. Pour ce faire, la première devra se conformer aux injonctions de la seconde. « C'est en s'adaptant aux caractères de l'entreprise de l'an 2000 », dit la Commission européenne, « que les systèmes d'éducation et de formation pourront contribuer à la compétitivité européenne et au maintien de l'emploi. » [14]

On assiste dès lors à un glissement du langage, où l'école n'est plus, même en paroles, une institution publique, mais un fournisseur de « capital humain » aux entreprises. « La démarche de qualité », disent les penseurs de la Commission européenne, « suppose une meilleure prise en compte du destinataire du service, qui doit être replacé au centre des préoccupations ». [15]

L'ère de la flexibilité

La Commission précise ce que le « destinataire du service », c'est-à-dire l'employeur, attend des systèmes éducatifs et de formation : « ils doivent former aux métiers les plus demandés, donc être au courant de cette demande, considérer leur vitesse de renouvellement, donner les compétences clés transversales permettant d'en changer, augmenter le niveau de compréhension technologique, donner les bases de l'interculturalité qui permettra de se mouvoir dans un environnement international. » [16]

Dans ce mini-cahier de charges émanant du « destinataire du service d'enseignement », l'élément réellement neuf est l'importance accordée à la « vitesse de renouvellement » des métiers. En effet, de toutes les attentes formulées à l'adresse de l'école, c'est cette exigence de flexibilité qui est aujourd'hui la plus lourde de réformes radicales. A l'image du tissu économique lui-même, le système éducatif est invité à abandonner tout ce qui ressemble un peu trop à des «rigidités rétrogrades». À travers ses structures, son mode de gestion, ses pratiques pédagogiques et ses programmes, l'enseignement est sommé de privilégier la capacité de changement et d'adaptation. La sienne propre et celle des travailleurs et des consommateurs qu'il fournit au «destinataire du service».

«Le savoir», selon Edith Cresson, «est devenu, dans nos sociétés et nos économies en évolution rapide, un produit périssable. Ce que nous apprenons aujourd'hui sera dépassé voire superflu demain. Il nous faut renouveler et mettre à jour nos connaissances en permanence, afin de suivre – ou même d'accélérer – le rythme du changement, au lieu d'être submergé par lui.» [17]

Le caractère éphémère des savoirs est évidemment à mettre en lien avec l'instabilité des emplois. Aujourd'hui, dans un pays comme la France, l'emploi précaire concerne plus de 70 % des jeunes au début de leur vie active. Au cours des dernières années, les emplois précaires n'ont cessé d'augmenter. Pour la seule période de 1994-1995, le nombre de contrats à durée déterminée a presque doublé. [18]

On nous répète donc invariablement qu'à l'avenir les travailleurs seront appelés à passer périodiquement d'un emploi à un autre au cours de leur vie active. «Il n'est pas rare», note Jürgen Rüttgers, «de voir des gens apprendre un nouveau métier jusqu'à trois fois durant leur vie.» Et c'est pourquoi, ajoute le ministre allemand, l'apprentissage à vie est «aussi important que le pain quotidien.» [19] De son côté, la Commission européenne estime également que les travailleurs «devront évoluer et s'adapter de plus en plus pour acquérir de nouvelles compétences» et que «cette stratégie d'amélioration des compétences est pour l'Union la seule manière de relever les défis posés par l'adaptation au nouvel environnement». [20]

La «logique» du marché

On attribue souvent la disparition des «emplois à vie» à l'accélération des mutations technologiques. Mais la technologie a bon dos. L'exigence de flexibilité apparaît plutôt comme un double produit de la crise où se débat l'économie capitaliste.

D'une part, celle-ci accélère le rythme des mutations industrielles, des restructurations, des fusions, des rationalisations, qui engendrent licenciements ou déplacements de personnels. D'autre part, la concurrence exacerbée pousse les employeurs à relever leurs exigences afin d'exploiter plus intensément, plus efficacement la force de travail qu'ils achètent: emplois à temps partiel ou à durée déterminée, travail temporaire, production à la demande, travail de nuit, travail de week-end. Ils le font d'ailleurs d'autant plus volontiers que la menace du chômage contraint les travailleurs à plier devant le diktat de la flexibilité.

On pourrait très bien imaginer, sous d'autres conditions de fonctionnement de l'économie, que le progrès technologique, libérant le travailleur d'une partie de son labeur, lui permettrait d'avoir davantage de loisirs, de s'engager dans la vie politique, sociale ou culturelle. Ou de se recycler, de se maintenir à niveau, de suivre l'évolution des savoirs au lieu d'y renoncer. Il pourrait alors conserver son emploi, tout en améliorant ses conditions de vie et de travail et tout en élevant son niveau d'instruction.

Mais dans le cadre des rapports de production existants, cela relève de la rêverie utopique. Ici et aujourd'hui, la technologie n'est mise en œuvre que dans la mesure où elle permet d'accroître le profit de ceux qui la financent: les détenteurs de capitaux. Produire davantage et à moindres frais, pour «descendre» un concurrent (ou ne pas se faire descendre par lui), voilà l'unique considération qui a cours sous la loi du marché capitaliste. Produire avec le moins d'ouvriers possible, afin de rafler des parts de débouchés aux adversaires et les contraindre ainsi à licencier à leur tour des travailleurs: voilà l'absurde logique qui est à l'œuvre. Voilà pourquoi les uns doivent être flexibles au travail pendant que les autres font preuve d'une extrême flexibilité dans la recherche d'un nouvel emploi.

Et quand, sous la pression de la mondialisation et de la crise, cette logique s'accélère et s'emballe, quand toutes les ressources de la technologie ultramoderne sont mobilisées au profit de cette folle dynamique, on a beau jeu de prétendre que «le progrès technique exige flexibilité et adaptabilité». En réalité, les formes spécifiques du progrès ne font qu'aviver les contradictions propres au mode de production capitaliste; elles ne les créent pas. En d'autres mots, ce ne sont pas les systèmes de lecture optique des codes-barres qui contraignent les caissières des grands magasins à des horaires démentiels et à un rythme de travail débilitant; ce sont la concurrence et la recherche de profit, c'est-à-dire le fonctionnement «normal» de notre économie.

L'employabilité crée-t-elle de l'emploi?

Avant d'aller plus loin, il faut répondre d'emblée au principal argument par lequel on tente de justifier l'adaptation étroite de l'enseignement aux «besoins» de l'environnement économique. Cet argument massue, c'est bien évidemment le chômage. « La principale stratégie préventive » contre le chômage, affirme l'OCDE, « consiste à veiller à ce que les jeunes aient acquis, à l'issue de leur scolarité, les compétences, les connaissances et les comportements qui font qu'un travailleur est productif et employable. »[21] La Table Ronde des Industriels européens, le plus puissant groupe de pression patronal du Vieux Continent, va même jusqu'à affirmer que « les causes du fort taux de chômage en Europe, ou tout au moins de son accroissement, (...) sont à rechercher dans l'inadéquation et l'archaïsme de ses systèmes de formation ».[22]

Cette affirmation ne tient pas la route. Certes, les mieux diplômés ont de meilleures chances que les autres dans la course à l'emploi. Mais lorsque cent travailleurs se trouvent en compétition pour l'occupation de quatre-vingt emplois, vous pouvez former, éduquer, instruire tant que vous voudrez, il en restera toujours vingt sur le carreau. Les statistiques illustrent bien cette arithmétique simple. Avec la prolongation continue de la durée moyenne des études, c'est dans les catégories des actifs ayant eu une longue scolarité que le chômage croît désormais le plus rapidement. En France, le taux de chômage des titulaires d'un « Bac +2 » est passé de 7 % à 8,2 % entre 1993 et 1997. Chez les titulaires d'un diplôme du deuxième ou du troisième cycle de l'enseignement supérieur, la croissance est plus forte encore : de 5,9 % en 1993, on est passé à 7,3 % de chômeurs en 1997.[23]

Tout au plus peut-on espérer, par une meilleure adéquation école-entreprise, introduire une rotation plus rapide entre les périodes d'activité et les périodes de chômage des individus. Mais lorsqu'on prétend que la diminution du nombre de jeunes sortant de l'école sans diplôme serait le meilleur moyen de combattre le chômage de longue durée, on omet habituellement de préciser que cela augmenterait du même coup la durée moyenne du chômage pour les autres travailleurs...

Certains objecteront encore qu'il existe tout de même une pénurie de main-d'œuvre qualifiée dans certains secteurs. Certes, dans une économie entièrement gérée par les lois du marché, il n'est pas étonnant d'observer des écarts entre l'offre et la demande de main-d'œuvre. Ces écarts sont d'ailleurs, en bonne orthodoxie libérale, le moteur même de la recherche d'un nouvel équilibre. Quand *Les échos*[24] chiffrent à 10 000 le nombre d'ingénieurs manquant sur le marché français début 1998, quand l'Union Wallonne des Entreprises clame de son côté qu'elle cherche en vain à recruter 5 220 informaticiens et 3 270 ingénieurs[25], ce ne sont bien sûr pas des mensonges. Mais cela appelle deux remarques. Premièrement, il s'agit généralement de pénuries qui ont un caractère accidentel, local ou temporaire. Par exemple, le manque systématique d'informaticiens vers 1998 et 1999 fut pour une large part imputable aux difficultés liées au passage à l'euro et au changement de millénaire (le fameux « bug » de l'an 2000). D'autre part, il ne faudrait pas perdre de vue la réalité des chiffres : les quelques dizaines de milliers d'emplois d'informaticiens et d'ingénieurs que l'on pourrait (peut-être) créer ne pèseront pas bien lourd face aux vingt millions de chômeurs que compte l'Europe.

Si l'on excepte ces pénuries réelles mais ponctuelles, le discours sur le « manque de main-d'œuvre qualifiée » témoigne bien plus souvent d'une élévation des exigences patronales en période de crise. L'existence même d'un taux de chômage important incite les employeurs à imposer des conditions de plus en plus sévères à l'embauche. Quand des dizaines d'universitaires viennent postuler un emploi de simple rédacteur, pourquoi se contenterait-on d'un diplômé de l'enseignement secondaire ? Et pourquoi embaucherait-on un jeune sans diplôme comme caissier dans un grand magasin, alors que des milliers de bacheliers sont prêts à occuper le poste ?

Mais si d'aventure les candidats expérimentés, compétents, polyglottes, dûment diplômés et au profil psychologique adéquat tardent quelque peu à se présenter, le patronat crie à la « pénurie de main-d'œuvre qualifiée ». Non qu'il craigne de ne pas trouver la perle rare, mais parce qu'il a peur, si elle devient trop rare, de devoir la payer trop cher. Il faut maintenir, selon l'expression de Marx, une « armée de réserve » afin de faire pression sur les salaires et les conditions de travail. Or, le travailleur sous-qualifié ou inadéquatement formé n'entre plus en compte pour cette armée de réserve. Quand le patronat européen affirme qu'il faut « instruire pour lutter contre le chômage », apprenons à décoder, il veut dire : « formons davantage pour empêcher la hausse des salaires ».

L'adaptation de l'école aux exigences patronales permet-elle au moins d'espérer un gain de compétitivité pour « nos » entreprises et, par voie de ricochet, des créations d'emplois ? « Nos » entreprises ? Lesquelles ? Les Françaises ? Les Belges ? Les Allemandes ? Les Américaines ? À partir du moment où, notamment sous la pression d'organismes comme l'OCDE, tous les pays développés poursuivent la même démarche de « rénovation » des systèmes éducatifs, afin de se mettre en conformité avec les attentes des entreprises, on voit mal comment un pays particulier pourrait en tirer un profit durable sur le plan de l'emploi...

3.

Compétences requises

L'adaptabilité avant toute chose

Quelles exigences la flexibilité du travail impose-t-elle au contenu des savoirs enseignés par l'école ? Quels sont les connaissances, les savoir-faire et les savoir-être que réclame le destinataire du service ?

Une main-d'œuvre flexible, c'est une main-d'œuvre polyvalente, mobile et recyclable. La vitesse des mutations technologiques, le rythme des restructurations industrielles et les exigences de la compétitivité amèneront le travailleur à changer fréquemment d'emploi ou d'environnement de travail. Une innovation technologique, la mise en route d'une nouvelle machine, une réorganisation de l'entreprise, la fermeture d'une unité de production, un changement d'emploi ou de poste de travail, le lancement d'un nouveau produit : le travailleur moderne est confronté à d'incessants bouleversements. Qui plus est, en raison des contraintes concurrentielles imposées par la crise et la mondialisation, il devra à chaque fois s'intégrer très rapidement à ces nouveaux environnements, y être le plus rapidement possible performant. Pas question de postposer trop longtemps une innovation ou une restructuration pour attendre que les travailleurs soient prêts. Les concurrents, eux, n'attendent pas. Dès lors, l'entreprise réclame du système éducatif qu'il développe précisément les compétences qui favorisent cette souplesse, cette capacité d'adaptation du travailleur.

Cette priorité est désormais parfaitement intégrée dans les préoccupations des responsables de l'enseignement. Ainsi, une *Note d'orientation sur la réforme de l'Enseignement secondaire technique et professionnel*, rédigée par la Communauté française de Belgique en 1998, explique-t-elle que « la formation doit être pensée essentiellement en terme de polyvalence favorisant l'adaptabilité » et que « préparer à l'adaptation devient progressivement un objectif prioritaire de la formation ».[26]

En Grande-Bretagne, le travailliste Nicholas Tate, dirigeant de *la Qualifications and Curriculum Authority*, soulignait récemment que « le monde de l'entreprise doit nous aider à revoir les programmes afin qu'ils s'adaptent aux besoins d'une économie en mutation rapide ».[27]

Adieu aux connaissances

D'un autre côté, l'accélération du progrès scientifique et technique, mais également la nature éphémère des emplois que le capitalisme en crise peut encore offrir aux travailleurs, font que les connaissances et les qualifications dispensées par l'école deviennent très vite obsolètes. Tout au moins dans le contexte professionnel.

C'est pourquoi le patronat, le « commanditaire » du système éducatif, attache désormais moins d'importance aux savoirs transmis par l'école qu'à la capacité du travailleur d'acquérir de nouvelles connaissances en fonction de ses besoins. Aujourd'hui, « aucune formation générale ne peut se dispenser de préparer à une compétence professionnelle », décrète le rapport du *Groupe de réflexion sur l'éducation et la formation* mis en place par la Commission européenne.[28]

Progressivement mais irrésistiblement, sous des prétextes tantôt pédagogiques, tantôt éducatifs, au nom de l'emploi, de l'explosion des connaissances ou du développement équilibré de la personne, les objectifs cognitifs de l'enseignement se voient relégués à l'arrière-plan. En lieu et place, on invite les enseignants à inculquer aux jeunes les compétences réclamées par l'industrie, le commerce et les services marchands : la familiarisation du travailleur avec les environnements dictés par les nouvelles technologies, son adaptabilité, sa capacité à répondre rapidement aux ordres, à prendre des décisions et à s'autoformer. Moins de connaissances générales, moins de culture, davantage de savoirs instrumentaux et de compétences flexibles. Moins d'instruction, davantage de formation: voilà ce que dit en substance le monde économique à celui de l'enseignement.

« Caractérisée comme elle l'est par une concurrence de plus en plus féroce et par une extraordinaire flexibilité professionnelle, notre société a besoin de travailleurs plus adaptables et de plus en plus à même d'exercer différents types de tâches », explique un rapport rédigé par la cellule Eurydice de la Commission européenne. « Aujourd'hui, poursuit ce document, il ne suffit plus de savoir lire, écrire et compter, il faut en outre maîtriser les nouvelles formes de communication et d'accès à l'information, plusieurs langues étrangères, etc. Les connaissances évoluent à un rythme tel que les écoles sont contraintes de se borner à doter les élèves des bases qui leur permettront de développer par eux-mêmes leurs connaissances dans les domaines qui les intéressent – il est en effet impossible de "tout" leur enseigner dans un monde où la somme de connaissances et d'informations augmente de manière exponentielle. »[29] Le volume même des connaissances est donc invoqué pour justifier le glissement de l'instruction vers la formation, des savoirs vers les compétences. Claude Allègre tient le même propos : « Avec cette explosion des connaissances, la méthode de l'empilement des connaissances, qui consiste à accroître les programmes, à augmenter les années d'étude sans cesse, ne fonctionne plus. Le millefeuille de l'érudition est saturé, il s'effondre, se répand, sous l'action de son propre poids. »[30] La formule est jolie, mais elle camoufle mal cette étrange contradiction: plus les savoirs sont volumineux, moins il faudrait en enseigner ! Etrange logique en vérité.

Au nom, tantôt de l'allègement des programmes, tantôt de l'assouplissement du rythme scolaire, c'est bien le droit à l'instruction, le droit aux savoirs pour tous que l'on restreint.

L'employabilité, c'est-à-dire l'adaptation optimale du futur travailleur aux exigences des employeurs, ne réside donc plus dans une somme de savoirs théoriques ou dans des qualifications strictement codifiées. Elle consiste désormais en l'acquisition des compétences que réclame l'évolution du travail et de son organisation. « Ceci signifie », explique la Commission européenne dans le rapport *Une Europe de la Connaissance,* « qu'il faut plus que jamais encourager, tout au long de la vie, la créativité, la flexibilité, l'adaptabilité, la capacité d'apprendre à apprendre et à résoudre des problèmes. C'est à ces conditions que nous éviterons l'obsolescence désormais rapide des qualifications. »[31]

Alors que faut-il enseigner ? La Commission européenne distingue deux types de compétences à développer pour répondre aux besoins du nouveau contexte économique : « L'accent doit être mis sur une solide éducation générale de base ainsi que sur un faisceau de compétences favorisant l'innovation.»[32] L'éducation de base, telle qu'on l'entend ici, comprend essentiellement la lecture et le calcul. Quant aux «compétences favorisant l'innovation», il s'agit d'un ensemble d'aptitudes technologiques, sociales et organisationnelles qui doivent permettre au travailleur de s'adapter rapidement à tout changement d'environnement ou d'organisation du travail. Dans son *Livre blanc sur la croissance, la compétitivité et l'emploi*, la Commission européenne précise: «la capacité de développer et d'agir dans un environnement complexe et hautement technologique, caractérisé, en particulier, par l'importance des technologies de l'information; la capacité de communiquer, de nouer des contacts et d'organiser; etc. Ces compétences incluent, en particulier, la capacité fondamentale d'acquérir de nouvelles connaissances et de nouvelles compétences, d'apprendre à apprendre tout au long de la vie. Les carrières des personnes se développeront sur base de l'extension progressive de leurs compétences.»[33] Dans d'autres textes, on ajoute la pratique des langues, ainsi que les aptitudes nécessaires pour la création d'entreprises ou pour leur développement, notamment dans les petites et moyennes entreprises.[34]

L'OCDE, dans son rapport de 1998 sur les politiques éducatives, va dans le même sens: «Il est plus important de viser [des] objectifs de formation de caractère général que d'apprendre des matières bien précises. Dans le monde du travail, il existe tout un éventail de compétences de base – qualités relationnelles, aptitudes linguistiques, créativité, capacité de travailler en équipe et de résoudre les problèmes, bonne connaissance des technologies nouvelles – qu'il devient aujourd'hui essentiel de posséder pour pouvoir obtenir un emploi et s'adapter rapidement à l'évolution des exigences de la vie professionnelle.»[35]

Le glissement de la transmission de savoirs vers l'acquisition de compétences favorisant l'adaptabilité explique sans doute la tendance, perceptible dans de nombreux pays européens, à alléger les contenus ou à assouplir les contraintes des programmes. Les matières enseignées sont désormais jugées moins importantes que les démarches d'apprentissage, fussent-elles vides de sens. La même évolution explique d'ailleurs la volonté générale de permettre aux professeurs d'enseigner un éventail de disciplines plus large, même en dehors de leur spécialisation. Bien sûr, le but est de réaliser des économies d'échelle en augmentant la mobilité du corps professoral. Mais si de telles économies sont possibles aujourd'hui, alors qu'elles étaient souvent jugées inopportunes il y a trente ans, ce n'est pas seulement sous la contrainte de difficultés budgétaires, mais aussi parce que le contenu des matières est désormais perçu comme secondaire par rapport aux compétences générales et « transversales » que devrait inculquer l'enseignant.

Eduquer le travailleur

Le travailleur ne doit pas seulement être *capable* de s'intégrer à un environnement hyper-flexible, toujours changeant sur le plan technique et instable sur le plan social. Il doit aussi être *disposé* à s'y intégrer, *prêt* à accepter cette lourde contrainte. Ce n'est pas qu'une question de capacités. La volonté – ou la destruction de toute volonté ? – intervient également. Outre des compétences professionnelles, il faut donc inculquer également certains types de « compétences sociales », c'est-à-dire de comportements, d'attitudes. Comme le soulignait le Conseil européen, à l'occasion du lancement de la deuxième phase du programme d'action communautaire en matière de formation professionnelle, le programme *Leonardo da Vinci*: «dans un monde en évolution rapide, notamment sous l'effet des changements technologiques et de la société de l'information, la frontière entre éducation et formation devient de moins en moins étanche».[36] Bref, les connaissances ne sont pas seulement évincées par les «savoir-faire», mais aussi par les «savoir-être».

Selon l'ancien ministre de l'Education de la Communauté flamande de Belgique, Luk Van den Bossche, «les technologies de l'information et des communications contribueront à modifier profondément l'avenir de l'enseignement et ces changements poseront aussi, en définitive, la question de la mission ultime de l'école». Et quelle est cette mission ultime selon le ministre flamand? «Non pas un monopole en matière de transmission des connaissances, mais la transmission de valeurs ainsi qu'une large socialisation culturelle des jeunes gens.»[37] Sa collègue autrichienne, Elisabeth Gehrer, est plus précise: «Pour l'école, cela signifie qu'en plus de bonnes connaissances professionnelles, les jeunes gens doivent également acquérir des compétences de méthode, des compétences sociales et des compétences assurant l'autonomie. Au rang de ces compétences-là, également appelées "Soft-skills", on compte: le travail d'équipe, le dialogue, la gestion de conflits, la communication, la flexibilité, la pensée créative, le sens social, la disponibilité à la formation continuée et la motivation d'apprendre.»[38] En Allemagne, lors d'un congrès préélectoral en 1998, le parti d'Helmut Kohl, la CDU-CSU, promettait que «nous devrons adapter nos objectifs éducatifs au monde du travail de demain». Et d'énumérer les types de comportements attendus: «autonomie, initiative, confiance en soi, capacité de jugement, sens de la coopération, flexibilité, créativité et capacité de synthèse».[39] Dans son projet de réforme de l'enseignement professionnel, la Communauté française de Belgique souligne de même que «le jeune doit acquérir la capacité à vivre au sein d'une équipe».[40]

Le souci croissant de socialiser le futur travailleur rejoint un autre souhait des milieux dirigeants: celui d'utiliser davantage l'école comme lieu d'apprentissage de la «citoyenneté». Une certaine conception de la citoyenneté, devrait-on dire. Celle qui repose sur le postulat du caractère démocratique des riches pays capitalistes. Celle qui affirme haut et fort leur supériorité, non seulement économique, mais aussi politique et morale sur toute autre forme de régime. Celle qui restreint les Droits de l'Homme aux seules libertés, à commencer par la liberté d'entreprendre, d'exploiter et de s'enrichir. Ainsi, pour la Commission européenne, «l'apprentissage de la citoyenneté active inclut l'accès aux capacités et aux compétences dont les jeunes auront besoin pour participer efficacement à l'économie dans un contexte de modernisation technologique, de mondialisation de l'économie, et, très concrètement, de marchés européens du travail transnationaux.»[41] En d'autres mots, les exigences de la flexibilité, qui sont au cœur de la reproduction économique, se concilient finalement assez bien avec celles de la reproduction politico-idéologique de notre société. Même avis à l'OCDE: «Les impératifs économiques, qui découlent des besoins de la société du savoir et du marché du travail, concordent avec la nécessité pour la collectivité de renforcer la cohésion sociale. La démarche de l'apprentissage à vie offre une solution crédible pour faire face à ces phénomènes économiques et sociaux.»[42] Dès lors, conclut la Commission européenne, «ces compétences ne sont pas seulement souhaitables pour quelques-uns, elles sont en passe de devenir essentielles pour tous».

Ces compétences sociales, ces « valeurs », sont dites « transversales ». C'est-à-dire qu'elles ne sont pas inculquées dans le cadre d'un cours particulier, mais, comme l'explique l'OCDE, « au travers des différents programmes scolaires ». Leur développement « contribue de façon déterminante à l'accomplissement des diverses missions de l'éducation – faire de l'individu un bon citoyen, favoriser son épanouissement personnel, le rendre conscient de ses droits dans la société et de ses devoirs envers elle, assurer son employabilité. »[43]

On peut craindre qu'avec les réformes en cours les « bons citoyens » ne deviennent surtout des citoyens soumis. Le véritable esprit critique, celui qui permet de s'affranchir des dogmes de la pensée dominante, ne se nourrit pas de valeurs mais de savoirs. C'est par l'étude des sciences que l'on acquiert le mode de pensée qui libère des préjugés. C'est par la connaissance de notre environnement géographique, technologique et socio-économique que l'on peut saisir les potentialités qui s'offrent à l'homme et prendre toute la mesure du gâchis économique actuel. C'est par l'histoire que l'on apprend comment se font et se défont les sociétés, que l'on perçoit la force et les conditions de l'action politique et sociale. C'est par la littérature, la philosophie et les arts que l'on apprend à préciser, à exprimer et à défendre sa pensée. Au contraire, l'absence de rigueur, les savoirs mal structurés, les compétences pratiques sans assise théorique, l'adaptabilité sans réflexion, ne conduisent l'homme qu'à renoncer à comprendre, à accepter tout sans s'interroger sur rien. Tel est bien le « citoyen responsable » que l'école est chargée de procurer à la société marchande du XXIe siècle.

La place centrale des technologies de l'information

L'attention spéciale portée à l'informatique et aux nouvelles technologies de l'information et des communications (NTIC) mérite un commentaire particulier. Quels que soient les rares arguments et les nombreux prétextes pédagogiques invoqués, l'engouement actuel pour ces technologies et l'ampleur des moyens qu'on y consacre trouvent bien évidemment leur explication ailleurs.

D'une part, il s'agit, dès le plus jeune âge, de familiariser le futur travailleur avec l'environnement informatique qu'il rencontrera sans doute sur le lieu du travail. Selon une étude du ministère allemand de la formation, deux tiers des emplois de l'an 2000 impliquent l'utilisation de technologies informatiques et 800 000 emplois outre-Rhin feront appel au télétravail. [44]

Mais former le producteur n'est pas tout. Ici, très clairement, il s'agit également de préparer le consommateur au nouvel environnement technologique. Il ne suffit pas de tracer des autoroutes de l'information, encore faut-il susciter, chez le citoyen, le besoin de s'en servir et lui en inculquer les moyens. Lors de la conférence d'Ottawa tenue en 1998 sur le thème *Un monde sans frontières*, conférence qui visait à « concrétiser le potentiel du commerce électronique mondial », le Centre pour la Recherche et l'Innovation dans l'Enseignement (une organisation satellite de l'OCDE) a souligné « l'importance de l'éducation et de la formation pour la réalisation du potentiel du commerce électronique ». [45] Il faut donc, pour reprendre les termes de Madame Edith Cresson, que les institutions d'éducation et de formation aident les jeunes « à trouver leur place dans la société de l'information ». [46]

C'est également l'idée que devait avoir derrière la tête Jürgen Rüttgers, ancien ministre allemand de l'Education, lorsqu'il disait vouloir éviter à tout prix que la « société de l'information ne devienne une société à deux classes, avec une classe supérieure de gestionnaires de réseaux et une classe inférieure d'analphabètes informatiques ».[47] Pour autant que l'on sache, Monsieur Rüttgers ne s'était jamais inquiété, auparavant, des inégalités de classes en Allemagne. Celles-ci ne sont pourtant pas nées avec l'informatique. Son souci, pour l'heure, n'est évidemment pas d'éviter l'inégalité, mais de faire en sorte que tous, de l'ingénieur au maçon, du médecin à l'éboueur, deviennent d'ardents et fidèles consommateurs des services de la *Deutsche Telekom*. Le ministre allemand se découvre tout aussi soudainement une âme féministe. Constatant que seuls 10 % des utilisateurs d'Internet sont des femmes, il s'inquiète que « les femmes n'ont été jusqu'à présent que faiblement impliquées dans le développement de la société de l'information » et a donc donné ordre à son ministère de lancer une campagne fédérale en vue d'y remédier.

Le patronat, lui, peut s'autoriser un langage plus explicite. Pour la Table Ronde des Industriels européens, l'introduction de ces nouvelles technologies à l'école « comme discipline fondamentale d'enseignement et de formation » doit assurer « 1. une culture informatique universelle dans la société de l'information naissante ; 2. l'émergence de concepteurs, de fournisseurs, d'opérateurs et d'utilisateurs compétents dans le domaine des technologies de l'information. »[48] Si les « utilisateurs compétents » font référence aux travailleurs, désormais plongés dans l'environnement des NTIC, alors la « culture informatique universelle » ne peut viser que « monsieur tout le monde » en tant que consommateur.

Le message a en tout cas été reçu cinq sur cinq par les gouvernements des pays européens, qui ont tous lancé de vastes projets pour l'équipement informatique des écoles. Selon les estimations de la Commission européenne, la quasi-totalité des établissements scolaires de l'Union devait être connectés au «net» en 2002, 2005 au plus tard.[49] En France, lors de la rentrée scolaire 1998, Claude Allègre s'est félicité que 82% des lycées et plus de 60% des collèges soient d'ores et déjà «branchés».

Ces investissements qui – nous y reviendrons plus loin – représentent des dépenses très importantes, voire étonnantes en période d'austérité budgétaire, sont consentis en invoquant le bénéfice pédagogique de l'utilisation des ordinateurs, du multimédia et de l'Internet en classe. «L'utilisation des ordinateurs dans les écoles devient de plus en plus courante, ce qui est logique si l'on connaît les possibilités infinies de ces nouveaux moyens de communication sur le plan de l'amélioration des connaissances. Ceci nécessite, dans un avenir proche, de procéder à une restructuration radicale du matériel didactique des écoles et à une adaptation des méthodologies.»[50] Cette citation provient de la cellule Eurydice de la Commission européenne, mais on lira la même profession de foi dans les écrits et les discours de tous les responsables nationaux ou européens du secteur de l'enseignement. Or, il se trouve qu'aucune étude sérieuse ne permet d'étayer de telles allégations. Nul ne conteste assurément que l'informatique et le multimédia puissent, en principe, être des outils pédagogiques fort utiles, au moins dans certaines matières. À condition toutefois que l'enseignant, dûment formé, soit amené à s'en servir dans des conditions d'encadrement convenables et en pouvant s'appuyer sur des connaissances de base réellement acquises par les élèves. Ce qui est loin d'être le cas. Par contre, on voit mal pourquoi l'investissement dans les NTIC serait plus productif (en termes d'efficacité pédagogique) que la diffusion gratuite de bonnes vidéos, l'aménagement de locaux plus accueillants, la formation continuée des maîtres et surtout la diminution de la taille des groupes classe. L'OCDE doit d'ailleurs platement l'admettre : « On affirme beaucoup de choses au sujet des méthodes pédagogiques et didactiques qui exploitent les technologies de l'information et de la communication à l'école or, contre toute attente, on possède bien peu de témoignages solides et d'évaluations concrètes à l'appui des attentes que suscitent ces technologies. »[51]

L'ampleur des dépenses consenties dans le domaine des NTIC trouve donc bien son explication ailleurs. Par moments la vérité filtre à travers les nuages de la mascarade pédagogique. Quand il s'agit de justifier que l'investissement dans le multimédia est « une des plus importantes missions d'avenir » du gouvernement fédéral, le ministère allemand de l'éducation explique : « il s'agit finalement d'utiliser toutes les opportunités de croissance et de création d'emplois qui s'offrent à l'Allemagne dans la compétition internationale. »[52]

Mystification pédagogique

Les arguments pédagogiques ne fleurissent pas seulement sur la route de l'informatisation. Pas mal d'enseignants et de pédagogues se laissent séduire par le discours patronal quand celui-ci réclame moins de connaissances et davantage de compétences. Une tête bien faite plutôt qu'une tête bien pleine, apprendre à réfléchir au lieu de se contenter de mémoriser « bêtement »... N'est-ce pas là un vieux combat de la pédagogie progressiste ?

En réalité, il s'agit ici de deux choses fort différentes. La réflexion pédagogique qui a fleuri dans les années 1970 contestait sans doute à juste titre un certain encyclopédisme et une coupure du réel qui marquaient encore trop souvent l'école traditionnelle. Nuançons immédiatement : les professeurs de mathématiques n'assénaient pas tous, à la tête de leurs élèves, des formules ou des règles dont ceux-ci ne percevaient ni l'origine ni l'intérêt ; les professeurs de français n'inculquaient pas tous la grammaire sans jamais faire lire ou écrire de textes, loin s'en faut. Mais il est vrai que certains demandaient aux étudiants d'emmagasiner des connaissances dont le sens leur échappait, des connaissances qui n'étaient pas fondées sur une pratique, ni destinées à y retourner ; des savoirs qu'on accumulait sans en mesurer suffisamment la portée et sans apprendre à s'en servir.

De telles pratiques pouvaient à la rigueur fonctionner, il y a plus de soixante ans, dans un enseignement réservé aux enfants d'origine favorisée. Ceux-ci apprennent, dès le plus jeune âge, à valoriser le savoir pour le savoir. On leur fait comprendre que le beau langage, la culture qu'on étale, l'érudition, valent par eux-mêmes. Ce sont des signes de reconnaissance sociale avant même d'être des instruments pour l'action. L'enfant issu de classes sociales supérieures ou de milieux intellectuels a intégré ce rapport au savoir et n'est pas dépaysé lorsqu'il le retrouve à l'école. Par contre, chez les enfants d'origine populaire, cet aspect des méthodes d'enseignement traditionnelles bute sur une conviction courante dans leur milieu et somme toute fort sensée: le savoir n'a d'intérêt que dans la mesure où il permet de résoudre des problèmes. La forme classique de la transmission des savoirs scolaires, coupée de toute pratique en amont et en aval, contribue dès lors à leur inculquer la conviction que l'école, « ce n'est pas pour nous ».

Il ne faut pas s'étonner si la bourgeoisie la plus réactionnaire s'est longtemps opposée aux réformes imposées par la massification de l'enseignement dans les années 1950-1970. Si elle s'accrocha aux formations classiques ou à la mémorisation des dates en histoire, ce n'est pas d'abord par amour du latin ou de la chronologie, mais parce qu'elle pressentait bien que cette pédagogie traditionnelle favorisait ses propres enfants.

De même, lorsqu'une certaine bourgeoisie intellectuelle prône aujourd'hui l'abandon des formations classiques et l'allègement des programmes pour tous au nom de la pédagogie et du bien de l'enfant, elle peut difficilement nier que, dans un contexte économique qui ne pousse plus guère à l'élévation générale des niveaux d'instruction, c'est là un excellent moyen de maintenir l'inégalité, c'est-à-dire de mettre un ticket gagnant dans les poches de leurs propres enfants. Sans doute le calcul n'est-il pas toujours aussi froid, aussi conscient dans le chef des parents aisés. Mais lorsqu'ils acceptent l'école «light», en sachant que leurs fils et leurs filles trouveront toujours bien à compléter leurs lacunes ailleurs et en sachant aussi que d'autres n'auront pas cette chance, qu'est-ce donc, sinon une façon de préserver l'injustice?

Permettre à l'enfant de découvrir la nécessité d'un savoir avant de le lui faire étudier; lier l'acquisition de connaissances à des pratiques qui les fondent et vers lesquelles le savoir peut retourner afin d'y être mis en œuvre; construire tant que faire se peut les concepts nouveaux, avec les élèves, sur des chantiers de problèmes plutôt que de leur servir la théorie toute faite: voilà autant de démarches louables et légitimes. Les générations d'enseignants qui nous précèdent n'ont d'ailleurs souvent pas attendu les recettes des pédagogues modernes pour mettre en œuvre ces stratégies. Leur but reste l'instruction, la transmission de savoirs, tout en prenant en compte la nécessité d'une pratique pour découvrir la connaissance, l'assimiler et l'utiliser. Dans cette optique, la maîtrise des savoirs implique automatiquement l'acquisition de compétences instrumentales ; l'instruction est aussi formation, au sens noble du terme.

Mais la réforme que les milieux économiques veulent actuellement impulser dans l'enseignement est d'une tout autre nature. Elle ne vise pas à lier théorie et pratique pour mieux faire assimiler les savoirs et les compléter au moyen de compétences. Il s'agit au contraire de substituer aux objectifs cognitifs généraux l'acquisition de compétences particulières : celles qui assurent la productivité du travailleur. D'un côté le savoir-faire, c'est-à-dire la pratique, comme source et comme prolongement indissociable du savoir; de l'autre le repli sur des compétences limitées, amputées de leur base cognitive. D'un côté une méthode et des objectifs d'enseignement destinés à élargir le champ du savoir scolaire et à mieux y faire accéder les enfants du peuple ; de l'autre une volonté de restreindre ce champ à ce qui est utile pour l'employeur. D'un côté une volonté de démocratiser l'enseignement, de l'autre une nouvelle discrimination à l'encontre de ceux pour qui l'école reste souvent l'unique moyen d'accéder à la connaissance.

Quand il affirme qu'il faut « supprimer les cloisons entre la théorie et la pratique parce qu'il s'agit surtout, désormais, d'acquérir des compétences opérationnelles transdisciplinaires »[53], l'ex-ministre Rüttgers entretient à dessein la confusion entre ces deux orientations irréductiblement opposées.

Dans la plupart des pays européens, la substitution des compétences aux savoirs progresse à grands pas. En Belgique, l'ex-ministre francophone de l'Education,

Laurette Onkelinx, s'est retranchée derrière des arguments «pédagogiques» pour «remplacer la notion de respect d'un programme par celle de respect des socles de compétences».[54] Le gouvernement britannique a lui aussi répondu favorablement à la Confederation of British Industry qui réclamait d'urgence une «révolution des compétences» (Skills Revolution).[55]

Un faux désintéressement

Les chefs d'entreprise européens clament qu'il faut «éduquer des citoyens et non des robots»[56] et que la mission de l'école ne peut pas être «réduite à la préparation des jeunes en vue d'occuper un poste immédiat dans le marché du travail».[57] Il ne faudrait pas se laisser prendre au piège de ce discours aux apparences humanistes. Quand la Table Ronde des Industriels européens (ERT) affirme que «la mission fondamentale de l'éducation est d'aider chaque individu à développer tout son potentiel et à devenir un être humain complet, et non un outil pour l'économie», elle veut simplement dire que l'employeur n'a plus besoin du même «outil pour l'économie» que jadis. Désormais, l'outil doit être plus malléable, plus polyvalent et plus sensible à la compétitivité de «son» entreprise. Ou, pour reprendre les propres termes de l'ERT: «l'acquisition des connaissances et des compétences doit s'accompagner d'une éducation du caractère, d'une ouverture culturelle et d'un éveil à la responsabilité sociale.»[58] La volonté de voir l'école former la main-d'œuvre à l'image de ses desiderata n'a pas disparu du catalogue des ambitions patronales. Elle n'a pas subitement cédé la place au souci désintéressé d'assurer le développement intellectuel harmonieux de la jeunesse. Il se fait simplement qu'en ces temps de crise et de mutations rapides, la recherche de compétences générales, facilement transposables d'une situation à l'autre, est la forme même de l'adéquation école-entreprise, bien plus que la détermination de savoirs ou de qualifications précises. « La notion d'employabilité commence à prendre un sens plus large », explique l'OCDE. « La productivité, la confiance en soi, la capacité de prendre des décisions et le désir d'apprendre sont des qualités tout aussi importantes que des qualifications professionnelles spécifiques. »[59]

Comme le disait Michel Hansenne, le directeur général du Bureau International du Travail, lors d'une table ronde réunissant le patronat belge et les représentants de l'enseignement catholique : « La question à se poser n'est pas "qui peut répondre et définir l'adéquation formation-emploi ?", mais: "Comment allons-nous vivre dans l'incertain ?", "Comment nous organiser pour traiter les incertitudes ?" »[60]

4.

Employable à vie

Aux sources de la qualification

Le glissement des savoirs vers les compétences est, au niveau de l'enseignement, le reflet d'une évolution parallèle dans l'organisation du marché du travail : l'abandon de la notion de qualification, au profit de celle « d'employabilité ». Dans le rapport sur l'enseignement qu'il a rédigé à la demande de l'UNESCO, Jacques Delors soutient que la notion de qualification professionnelle est de plus en plus obsolète parce qu'elle est « trop imprégnée aux yeux des employeurs de l'idée de savoir-faire matériel ».[61] Il affirme également que la valorisation des compétences personnelles au détriment de savoirs standardisés serait le résultat de « l'emprise du cognitif et de l'informatif sur les systèmes de production » ainsi que du « développement des activités de services ». Je pense plutôt que si le système de qualification est aujourd'hui en voie d'être abandonné, c'est parce qu'il est un frein à la dérégulation des relations sociales. La flexibilité et la mobilité du facteur travail exigent la disparition ou l'assouplissement des protections légales et conventionnelles. Elles exigent également la primauté des compétences sur des savoirs trop vite périmés.

Détaillons ces points.

Le mode d'adéquation école-emploi basé sur les qualifications trouve son origine, ou du moins son essor, dans la volonté de planifier la formation de main-d'œuvre au lendemain de la Deuxième Guerre mondiale. Il est également, par certains aspects, une des conquêtes sociales de cette époque. La massification de l'enseignement secondaire a d'abord été une massification de l'enseignement professionnel et technique. Les jeunes d'origine populaire pour qui s'ouvraient enfin les portes de l'école secondaire ont été orientés en grand nombre vers les filières préparant à un métier ou à un savoir-faire technique. Mais encore fallait-il que ces filières répondent qualitativement et que la sélection réponde quantitativement aux besoins diversifiés et croissants de l'industrie et des services. C'est là qu'intervint la qualification. Celle-ci impliquait à la fois la détermination de programmes d'apprentissage précis et la fixation de barèmes salariaux garantis. Ce dernier point fut sans aucun doute une concession de la bourgeoisie, désireuse d'assurer la paix sociale et confrontée à une classe ouvrière forte et organisée au sortir de la guerre antifasciste. Mais ce fut aussi un moyen d'attirer suffisamment de jeunes vers des métiers et des formations dont le patronat avait un si grand besoin.

Le système de qualification était bien adapté à des conditions de production relativement stables ou prévisibles, des conditions où chacun avait un poste bien déterminé, auquel pouvait correspondre un diplôme assorti de droits précis. Dans le contexte actuel, marqué par des mutations rapides et chaotiques, où les travailleurs changent souvent de poste, voire d'emploi, où il s'avère définitivement impossible de planifier la production et, partant, les besoins en main-d'œuvre, le système de la qualification apparaît comme un frein au développement.

D'autre part, si le système de qualification avait été utile au patronat en un moment de pénurie de main-d'œuvre qualifiée, il le considère au contraire comme un luxe excessif et désuet en période de chômage massif. Quand il y a pléthore de diplômés, il n'est vraiment plus nécessaire d'offrir des garanties salariales ou autres en échange de la détention de ces diplômes.

L'employabilité : un concept flou

Dès lors, la référence aux qualifications perd du terrain au profit du concept d'employabilité, beaucoup plus flou. La qualification c'est un catalogue strict de capacités intellectuelles et techniques, qui donnent accès à un métier et à des droits précis. L'employabilité c'est, au contraire, l'accumulation de compétences vagues, sensées garantir la capacité d'occuper un emploi indéterminé, mais sans que cette capacité soit jamais reconnue ni assortie de droits.

Comme le fait remarquer Elizabeth Dugué, sociologue du travail au Conservatoire national des Arts et Métiers à Paris : « Le système de formation initiale et continue semble à la recherche de modalités nouvelles d'organisation des savoirs, puisqu'il faut dorénavant préparer les travailleurs non pas à exercer une spécialité mais à pouvoir se reconvertir en permanence. Les compétences ayant une valeur sociale sont celles qui sont "transférables". Ce qui est valorisé, ce n'est pas ce qui vous inscrit dans un métier, mais ce qui vous permet de passer souplement d'une spécialité à une autre. De ce fait les savoirs technologiques, les savoirs du travail sont peu à peu repoussés hors de l'école et de la formation. »[62]

La transition de la qualification vers l'employabilité et des savoirs vers les compétences, marque la fin du modèle de relations de travail issu des «trente glorieuses». Les réglementations salariales et sociales, négociées collectivement entre employeurs et salariés, font place à une dérégulation totale, où chaque travailleur se retrouve seul, muni de ses compétences, face aux exigences de l'employeur. Les mécanismes solidaires de protection font alors place à l'individualisme, à l'exclusion et à la paupérisation. Comme le dit Elizabeth Dugué: «la négociation, collective et explicite dans la logique de la qualification, devient individuelle et implicite avec la logique de la compétence. C'est au sein du poste, dans les actes concrets du travail quotidien, que chacun négocie, non seulement le contenu du poste et la possibilité d'exercer une compétence, mais aussi la reconnaissance de celle-ci. La perception des intérêts collectifs et des oppositions est masquée par la multiplicité des transactions individuelles auxquelles donnent lieu l'exercice et même la reconnaissance de la compétence.»[63]

Vers une certification modulaire

Mais si chaque travailleur doit constituer son propre «capital» de compétences originales et flexibles, au lieu de se conformer à la grille figée d'une qualification bien définie, alors les diplômes et les programmes scolaires eux-mêmes sont amenés à perdre de leur utilité. Que mettre à la place? Comment l'employeur pourra-t-il procéder à une sélection efficace au moment de l'embauche?

Le *Livre blanc de la Commission européenne sur l'Education et la Formation* suggère d'expérimenter une nouvelle voie, consistant à reconnaître des compétences partielles, c'est-à-dire de remplacer le diplôme par une certification modulaire. «Il ne s'agit plus ici de qualification au sens large», dit la Commission, « mais de compétences sur des savoirs fondamentaux ou professionnels particuliers (la connaissance d'une langue, un certain niveau en mathématiques, en comptabilité, la connaissance d'un tableur, d'un traitement de texte, etc). »[64]

Des systèmes de certification de ce type sont d'ores et déjà mis en route ou à l'étude dans divers pays européens. En Allemagne, le plan d'action national pour augmenter le nombre des postes d'apprentissage prévoit que « les élèves qui ne réussissent pas entièrement leurs examens de fin d'étude obtiendront des certificats de qualifications partielles utilisables sur le marché de l'emploi ».[65] En France, la Charte *Un lycée pour le XXIe siècle* propose que, dans l'enseignement professionnel, « les diplômes font l'objet de modalités de certification modulaires adaptées à la diversité des accès à la qualification des candidats ».[66] En Belgique aussi, le *Décret sur les missions de l'enseignement obligatoire* prévoit que les étudiants pourront bientôt faire certifier des « modules » de formation, même s'ils n'ont pas suivi ou réussi l'ensemble des matières. En vue d'uniformiser cette reconnaissance souple des compétences au sein des pays membres de l'Union européenne, la Commission a pris l'initiative de faire plancher des chercheurs sur la faisabilité d'une « carte de compétences » électronique, la fameuse « skill's card ».

De telles pratiques sont quelques fois présentées comme un moyen de lutte contre le décrochage scolaire. La Commission européenne affirme par exemple que, grâce à cette « modularisation », « celui ou celle que le système formel d'enseignement rebute sera encouragé à développer ses compétences ».[67] Il n'est pourtant pas difficile de comprendre que cette « individualisation » de l'enseignement risque au contraire de creuser encore davantage le fossé qui sépare les enfants d'origines sociales inégales sur le plan de l'accès aux savoirs. Nous y reviendrons plus loin.

Apprendre tout au long de la vie

L'exigence de flexibilité associée au rythme croissant du renouvellement des savoirs et des compétences implique une très forte demande de formation continuée. Jacques Delors note que « le progrès scientifique et technologique et la transformation des processus de production due à la recherche d'une plus grande compétitivité conduisent, pour l'individu, à une obsolescence rapide des savoirs et savoir-faire acquis lors de la formation initiale et requièrent un développement de la formation professionnelle permanente. »[68] Des rapports de la Table Ronde des Industriels européens aux analyses de l'OCDE, en passant par les textes clés de la Commission européenne, des formules ultramédiatisées nous ressassent ce nouveau leitmotiv : « apprendre à tout âge », « apprendre tout au long de la vie », « apprendre à apprendre »,...

Pour la Table Ronde, si la population européenne doit s'engager dans un processus d'apprentissage « du berceau au tombeau », c'est parce que « l'intégration croissante de la connaissance dans l'environnement industriel transforme les travailleurs en acteurs de la connaissance ».[69] La réunion des ministres du Travail de l'OCDE, en octobre 1997, a également souligné l'importance d'un apprentissage à vie « pour permettre une croissance à long terme dans une économie fondée sur le savoir ».[70] Et selon Jürgen Rüttgers, l'apprentissage à vie (*lebensbegleitenden Lernens*) est « un élément vital » de toute réforme des systèmes éducatifs.[71]

Qui ne se laisserait séduire par une idée aussi généreuse ? Que tous les jeunes acquièrent le goût d'apprendre. Qu'ils découvrent le plaisir et la force du savoir. Oui, c'est bien ce que veut obtenir chaque enseignant.

Mais pour apprendre quoi ? Quelles compétences, quelles connaissances veut-on inculquer aux futures générations ?

Nos dirigeants ne laissent planer aucun doute sur cette question. Pour Jacques Delors, cette formation permanente « répond dans une large mesure, à une exigence d'ordre économique », car elle « permet à l'entreprise de se doter des compétences accrues nécessaires pour maintenir l'emploi et renforcer sa compétitivité ».[72] De même, l'OCDE reconnaît que le plaidoyer en faveur de l'apprentissage tout au long de la vie « repose en grande partie sur l'idée que la préparation à la vie active ne peut plus être envisagée comme définitive et que les travailleurs doivent suivre une formation continue pendant leur vie professionnelle pour pouvoir rester productifs et employables ».[73] La *Note d'orientation sur la réforme de l'Enseignement secondaire technique et professionnel* de la Communauté française de Belgique abonde dans le même sens : « Face aux mutations économiques, sociales et technologiques ainsi qu'aux exigences d'une mobilité professionnelle accrue, préparer les élèves à l'adaptation aux changements devient une priorité pour l'école. Dès lors, la maîtrise de capacités instrumentales, visant à mieux préparer les jeunes à “apprendre à apprendre”, constitue un préalable à toute démarche cognitive et d'apprentissage. »[74]

Compétitivité, employabilité, productivité, tels sont les seuls objectifs de cet apprentissage à vie. On n'attend pas du futur citoyen qu'il consacre son temps à des études futiles, à des connaissances qui lui apporteraient un enrichissement intellectuel ou culturel personnel, à des savoirs qui lui permettraient de mieux comprendre l'histoire et les lois du monde naturel ou de la société dans laquelle il vit, à des compétences qui développeront chez lui l'artiste, le militant ou l'écrivain. Seul compte le producteur ! Il faut qu'il soit efficace, rentable, soumis, flexible et mobile. Pour cela il faut qu'il soit disposé à « apprendre tout au long de la vie » ce que son patron voudra qu'il apprenne. Et qu'il en soit capable.

Non seulement le mythe de l'apprentissage à vie ne couvrira pas les promesses tacites qu'il véhicule, mais il servira sans doute à en couvrir l'exact opposé. On le pressent dès aujourd'hui dans nombre de déclarations : l'argument de l'apprentissage à vie sert à justifier la diminution des ambitions de l'instruction publique des jeunes.

Pendant plus d'un siècle, la société bourgeoise a confiné la majorité des enfants du peuple, au mieux, dans une maigre instruction primaire, complétée, pour quelques-uns, par une formation professionnelle ou technique. À peine les portes de l'enseignement secondaire général se sont-elles enfin ouvertes pour eux, et voilà déjà le ministre Allègre qui leur annonce : « Nous devons nous rappeler que désormais on n'apprendra plus tout à l'école, qu'il faudra y revenir, que la formation continue ou continuée devra désormais être une partie intégrante de l'enseignement. »[75] Une fois de plus, c'est l'explosion des connaissances qui est invoquée pour justifier que l'école en transmettra moins qu'avant. Et une fois de plus, on feint d'oublier que les premières victimes du « moins d'école » seront justement ceux qui n'ont *que* l'école pour apprendre. Pour eux surtout, l'apprentissage à vie ne remplacera jamais les savoirs qu'apporte ou que devrait apporter la scolarité obligatoire. L'acquisition, au fil des années de la vie professionnelle, des compétences changeantes réclamées par leurs employeurs et destinées à faire d'eux des travailleurs compétitifs, ne fera jamais naître cette compréhension du monde et cette capacité d'action qui peuvent jaillir de la richesse d'un cours d'histoire, de la rigueur d'un cours de sciences.

5.

Menaces sur l'école publique

Adapter les structures

De tout temps, les formes organiques de la « machine scolaire » ont été le reflet des missions prioritaires que lui assignait la société. La structure et l'organisation de l'école sont à l'image de sa fonction. Il ne faut donc pas s'étonner si l'actuelle quête de flexibilité déteint également sur ces structures.

Au milieu du XIXe siècle, alors que l'industrialisation et la déqualification du travail ouvrier avaient rendu obsolète l'apprentissage corporatif issu du moyen âge, le besoin le plus pressant fut d'assurer, par un autre moyen, la socialisation et l'instruction élémentaire des jeunes enfants. À ce besoin répondirent, en France, les réformes qui, de la loi Guizot, en 1833 sous la monarchie constitutionnelle, à Jules Ferry, cinquante ans plus tard, donnèrent naissance à l'école élémentaire républicaine. À la même époque, aux Etats-unis, Horace Mann inaugurait les *common public schools*. L'Allemagne renforçait ses *Städtische Volksschulen* (écoles populaires urbaines) et créait des *Armenschulen* (écoles pour pauvres) dans les centres industriels. En Belgique, les municipalités fondaient des «écoles communales» ou «adoptaient» les écoles privées catholiques existantes. En Grande-Bretagne, le *Grant Act* de 1833, puis le *Forster Act* de 1870 consacraient le rôle des pouvoirs publics dans l'instruction élémentaire.

Ainsi l'école primaire publique, organisée le plus souvent à l'échelon municipal, fut la structure d'enseignement qui correspondait aux objectifs éducatifs des sociétés capitalistes de la fin du XIXe siècle.

La première moitié du XXe siècle voit grandir un besoin nouveau: celui de disposer également d'un nombre restreint de travailleurs ayant un niveau de qualification plus pointu. Ni l'école primaire municipale ni l'enseignement secondaire classique ne répondent à ce besoin. De nouvelles structures s'imposent: l'enseignement post-primaire doit se diversifier. Un enseignement technique et professionnel, réservé à une petite partie des travailleurs, se développe progressivement. En France, des écoles pratiques de Commerce et d'Industrie sont créées dès 1892. Les conservateurs britanniques du gouvernement Balfour inaugurent, en 1902, des écoles secondaires publiques, «adaptées aux enfants d'origine modeste», c'est-à-dire orientées vers la formation professionnelle d'une main-d'œuvre qualifiée. Les trois décennies qui ont suivi la Deuxième Guerre mondiale sont celles de la massification de l'enseignement secondaire. À nouveau, les structures suivent et s'adaptent. En France, elles prennent notamment la forme du collège unifié; en Belgique, c'est la multiplication des athénées royaux mais aussi les subventions publiques aux écoles catholiques en échange d'une soumission plus stricte aux directives centrales; en Grande-Bretagne, on crée les *comprehensive schools*. Partout se met en place un système scolaire secondaire très uniforme, dirigé par un pouvoir public central fort et directif. Ces structures répondent à la volonté de mener «à la cravache» la massification de l'enseignement secondaire.

De la dérégulation à la privatisation

Aujourd'hui, l'enseignement est à nouveau tenu de s'adapter aux mutations de la société marchande. Il ne s'agit plus, cette fois, de tirer vers le haut une grande masse de jeunes, mais bien d'introduire davantage de souplesse, de favoriser la rapidité d'adaptation des structures éducatives, de garantir une grande diversité, un étirement croissant des formations. Dans ce contexte, le vieux modèle de l'école publique (ou semi-publique), contrôlée et dirigée centralement, n'est plus jugé adéquat. «L'école de Jules Ferry est dépassée», clame le ministre socialiste français, Claude Allègre.[76] Il faut donc, pour reprendre l'expression de la Table Ronde des Industriels européens, «encourager des modes de formation moins institutionnels, plus informels».[77]

Désormais, pour l'OCDE, «il est admis que l'apprentissage se déroule dans de multiples contextes, formels et informels».[78] Les gourous de la Commission européenne sont plus explicites encore. Ils le disent tout net, l'école publique traditionnelle, ce vieux «mammouth», doit mourir; place au secteur privé: «Nombreux sont ceux, aujourd'hui, qui pensent que le temps de l'éducation hors l'école est venu et que la libération du processus éducatif rendue ainsi possible aboutira à un contrôle par des offreurs d'éducation plus innovants que les structures traditionnelles.»[79] Au bout de la dérégulation, c'est donc bien la privatisation de pans entiers du système d'enseignement qui nous attend.

Mais ce raccourci ne suffit pas. Il occulte la complexité et la multiplicité des mécanismes qui poussent l'éducation et la formation dans les bras du secteur privé. Or, c'est cela qui rend le processus tellement inévitable, tellement déterministe. Il nous faut distinguer au moins trois formes, trois aspects différents dans le mouvement de « dérégulation-privatisation » de l'enseignement.

Le premier, c'est l'autonomie des établissements scolaires. Ici on parlera de décentralisation, ailleurs de lutte contre la bureaucratie, mais le fond est toujours le même : rompre le cordon ombilical qui maintient les établissements d'enseignement dépendants de l'autorité centrale et donc peu aptes au changement et au développement inégal. Parallèlement, on assiste à une « individualisation » de la relation école-élève. L'élève – et ses parents – ne sont plus des citoyens ayant tout à la fois le droit et le devoir de recevoir une instruction ; ce sont désormais des clients cherchant à accroître leur « stock personnel de capital humain ». Ils formulent moins d'attentes collectives à l'attention du système éducatif mais surtout des exigences individuelles à l'adresse d'un « fournisseur d'enseignement ».

Deuxièmement, nous observons une profonde tendance à la « marchandisation » de l'enseignement. Le transfert de connaissances et l'acquisition de compétences deviennent de plus en plus l'enjeu de luttes concurrentielles; ils se transforment en services payants. Cette évolution comporte elle-même deux aspect distincts. D'une part, les établissements d'enseignement existants tendent à devenir des entreprises commerciales; d'autre part, sous l'impulsion notamment des technologies de la communication et du multimédia, la transmission des savoirs échappe petit à petit à l'école traditionnelle, au profit de ce que la Commission européenne appelle « des offreurs d'éducation plus innovants ».

Enfin, le troisième aspect, c'est la mainmise croissante du patronat sur l'école. Une mainmise aussi directe que possible qui doit lui permettre de dicter rapidement ses attentes, sans passer par de lourdes commissions de programmes ou autres structures « bureaucratiques ».

« L'école libérée »

Roger Fauroux, qui aime les formules choc, déclarait en 1997, lors d'un « déjeuner-débat » : « De toute urgence il faut casser le Ministère de l'Education nationale, tourner la page de l'ère napoléonienne. Le centralisme issu d'une pensée militaire et ecclésiastique n'est plus de mise aujourd'hui pour l'éducation. »[80] En matière de provocation, les discours de Claude Allègre n'ont cependant rien à envier à ceux de Fauroux. « Le centralisme, dit-il, la confiscation du pouvoir par quelques-uns dans des conciliabules discrets, c'est du passé. »[81] Il faut donc « dégraisser le mammouth », selon l'expression célèbre du ministre socialiste français. Allègre a eu de la chance en choisissant son animal préhistorique. Il s'en est fallu de peu que son propos ne ressemble un peu trop à celui du fasciste Bruno Mégret : « L'inefficacité est devenue la nouvelle règle de ce dinosaure bureaucratique que constitue le ministère de l'Education nationale où la mauvaise administration va de pair avec le gâchis pédagogique. »[82] Napoléonien, mammouth ou dinosaure, qu'importe. Du moment qu'on entende bien le message: ce « gros machin » est tout à fait dépassé. Place à la dérégulation du système éducatif français. Celle-ci est d'ailleurs déjà bien engagée. Les chercheurs Christophe Charles et Bertrand Geay en relèvent différentes formes : « assouplissement de la carte scolaire, incitations aux stratégies promotionnelles des établisse-

ments, multiplication des partenariats privés à l'aide des transferts incontrôlés de compétences aux collectivités locales, concentration des pouvoirs entre les mains de chefs d'établissement convertis en véritables chefs d'entreprise.»[83]
Que les Français se rassurent – ou qu'ils s'inquiètent davantage – : la quête de décentralisation scolaire n'est pas propre au pays de l'héritage jacobin. Au Danemark, par exemple, elle a constitué l'axe principal de toutes les réformes de ces dernières années, tant sur le plan de l'utilisation des subsides par les écoles que sur celui de l'élaboration des programmes. «Le but de cette décentralisation», dit le ministère danois de l'éducation, «est de rendre le système éducatif plus flexible. L'institution éducative individuelle ou la municipalité individuelle est libre de définir ses propres priorités en ce qui concerne l'utilisation des fonds alloués, sans devoir se soumettre à des normes ou règlements centraux. De manière générale, la décentralisation sert à augmenter la qualité des programmes et à permettre une utilisation optimale des ressources.»[84]
Aux Pays-Bas, tous les établissements sont désormais financés par des «enveloppes budgétaires» qu'ils gèrent en toute liberté. Un syndicaliste témoigne: «Une école qui a soudain de grands besoins en entretien ou en rénovation, doit puiser l'argent dans ce qui était prévu pour le personnel.»[85]
En Belgique, le processus d'auto-démantèlement de l'autorité ministérielle au profit d'une large autonomie des écoles a pris un envol rapide depuis que la compétence en matière d'enseignement a été transférée aux gouvernements «communautaires» flamand, francophone et germanophone. En Flandre, l'enseignement de l'Etat (aujourd'hui rebaptisé enseignement de la Communauté flamande), a été virtuellement liquidé et transformé en une espèce d'enseignement privé subventionné, dirigé par une association indépendante du ministère (*Autonome*

Raad van het Gemeenschapsonderwijs). Des projets similaires sont en gestation dans la Communauté française de Belgique. Dans les deux communautés, tout l'enseignement supérieur, qu'il soit public ou subventionné, a été transformé en quelques « Hautes Écoles autonomes ». De plus, en Belgique francophone le « décret sur les missions de l'enseignement obligatoire », voté en 1997, a imposé une plus grande autonomie aux établissements scolaires primaires et secondaires de tous réseaux.

En Allemagne, le ministre Rüttgers se lamente : « L'attribution centrale des postes d'enseignement doit être débureaucratisée. Les Hautes écoles nécessitent davantage d'autonomie. Leur financement doit être rendu dépendant du résultat. »[86] En 1997, le secrétaire d'Etat Schaumann a donc lancé une réforme de l'enseignement supérieur, dont les objectifs centraux étaient, notamment, « donner davantage de marge de manœuvre aux Hautes écoles », « favoriser une compétition plus intense entre les Hautes écoles » et « contribuer ainsi à rendre les Hautes écoles compétitives sur le plan international ».[87] Et la victoire des sociaux-démocrates aux élections de 1998 n'aura rien changé. Dès son entrée en fonction, la nouvelle ministre socialiste allemande, Bulmahn, a martelé son intention de « démanteler la bureaucratie, renforcer l'autonomie ».[88] Le SPD avait d'ailleurs annoncé dans son programme électoral qu'il exigerait « plus d'autonomie et plus de concurrence à la performance » de la part des Hautes écoles allemandes.[89]

Un rapport de la cellule européenne Eurydice souligne le caractère international de ce mouvement de « libération » du tissu scolaire : « Les réformes apportées à l'administration générale du système scolaire se résument principalement à un mouvement progressif de décentralisation et de délégation des pouvoirs vers la société. Pratiquement tous les pays concernés ont introduit de nouvelles réglementations qui déplacent le pouvoir de décision de l'Etat central vers les autorités régionales, locales ou municipales et de celles-ci vers les établissements d'enseignement. »[90]

La Commission internationale sur l'éducation, mise en place par l'UNESCO et présidée par Jacques Delors, est elle aussi favorable à « une large décentralisation des systèmes éducatifs, reposant sur l'autonomie des établissements et sur une participation effective des acteurs locaux ». La Commission Delors ajoute que « l'émergence de sociétés éducatives faisant appel aux ressources de l'éducation informelle lui paraissent devoir renforcer cette tendance ».[91]

Les objectifs de la décentralisation

Pourquoi décentraliser ? Pourquoi le faire aujourd'hui ? L'autonomie des écoles poursuit à vrai dire plusieurs objectifs simultanés. On peut au moins en distinguer quatre : 1° maintenir le budget de l'enseignement sous contrôle en déléguant la gestion de l'austérité aux échelons inférieurs, 2° briser les résistances au changement, 3° assurer un développement différencié et 4° permettre et imposer une adaptation rapide aux attentes des entreprises. Ce quatrième aspect est, de loin, le plus important et mérite un chapitre distinct. Passons néanmoins rapidement en revue les trois autres aspects.

Premièrement, l'autonomie permet de réduire les dépenses d'enseignement ou au moins d'en freiner la croissance, en obligeant les établissements scolaires à une gestion financière austère. Ou pour le dire dans la « langue de bois » des eurocrates : « davantage d'efficacité – tant en matière de définition des besoins que de gestion des ressources – dans la résolution des problèmes ».[92]

Beaucoup de pays européens cherchent en effet à réduire leurs dépenses publiques, afin de pouvoir limiter la pression fiscale et parafiscale et, ce faisant, favoriser la position concurrentielle des entreprises nationales. Une plus grande autonomie budgétaire des établissements d'enseignement apparaît comme un moyen de pousser chaque école à rechercher les voies qui lui permettront de limiter ses dépenses au strict nécessaire. À cette fin il faut, dit Roger Fauroux, « mettre à la tête, des personnes capables, rompues aux méthodes modernes d'autorité ».[93] Pour reprendre l'expression chère à une importante banque belge, la *Kredietbank* : « L'école doit être gérée comme une entreprise ».[94] La Commission européenne estime aussi qu'il faut « augmenter la productivité et développer l'efficacité du système d'enseignement ».[95] Des coopérations internationales se mettent en place à cette fin. Ainsi, en 1997, à l'initiative du cabinet d'audit et de conseil fiscal Arthur Andersen, sept cents éducateurs, professeurs, responsables de l'éducation, directeurs d'école et hommes d'affaires, venus de quarante-quatre pays différents, se sont réunis à Saint-Charles (près de Chicago) pour étudier « comment appliquer à l'école les techniques modernes du management ».[96]

Réaliser des économies : c'est sans doute l'objectif le plus clairement perçu par les enseignants derrière le processus de dérégulation. Pour une raison simple : il touche directement à leurs emplois, à leurs droits et à leurs conditions de travail. À tel point que certains responsables syndicaux en arrivent à ne plus voir que ce danger-là dans l'autonomie des écoles et à négliger les autres...

La décentralisation peut également être fort utile pour briser l'unité d'action du corps enseignant et affaiblir ainsi la principale force de résistance au démantèlement de l'école publique. C'est à cette « bureaucratie syndicale » que Claude

Allègre a voulu s'attaquer dès son entrée en fonction, reprenant à son compte tous les thèmes du rapport Longuet de 1980. De nouveau, il rejoint étrangement les soucis des néo-nazis du Front National, qui écrivent dans leur programme : « La première mesure à prendre consiste à libérer l'école. Actuellement, en effet, l'institution scolaire n'appartient plus à la nation et n'est plus au service des enfants. (...) Elle est devenue la propriété privée d'une *nomenklatura* syndicale qui impose ses vues à tous. » Quelles vues ? « Une idéologie marxiste et égalitariste totalement archaïque. » [97] Le FN, une fois de plus, ne fait que clamer stupidement tout haut ce que la bourgeoisie « policée » s'efforce de réaliser en douceur et sans trop faire de vagues : briser cette idéologie « archaïque » qui défend une école publique, égale pour tous. Pour réaliser ce projet, elle cherche tout naturellement à liquider, via l'autonomie et la dérégulation, la principale force qui résiste à cette évolution, c'est-à-dire les syndicats enseignants. Faut-il s'étonner si, en Belgique francophone, c'est précisément durant le grand mouvement de grève contre les suppressions d'emplois dans l'enseignement secondaire, en 1996, que Madame Onkelinx, ministre de l'Education, se mit à plaider la cause de l'autonomie des écoles ?

Le paiement des enseignants « au mérite » est une autre manière de briser leur solidarité. En Grande-Bretagne, le travailliste David Blunkett a suscité l'enthousiasme de la presse conservatrice en débloquant un milliard de livres sur deux ans, pour « récompenser les enseignants qui auront pu prouver leurs mérites au cours d'entretiens d'évaluation avec leurs proviseurs ». [98] En Suisse, des expériences de ce type ont été menées, notamment dans le petit canton de Schwytz où chaque professeur du Gymnasium (lycée) a dû se choisir un « profil » en dehors de ses attributions habituelles : responsable informatique, responsable pour les contacts avec les parents, etc. À la fin de l'année a lieu une évaluation, sur base de laquelle est calculée une partie du salaire. Tout le système est géré par une société privée. [99]

Plus généralement, il s'agit de donner davantage de pouvoirs aux chefs d'établissements dans leur gestion du personnel. L'ex-président allemand, Roman Herzog, s'interroge: « Je n'ai jamais compris pourquoi les instituteurs et les professeurs doivent absolument être des fonctionnaires, pourquoi l'administration des écoles doit être enfermée dans une gestion boutiquière et pourquoi, lorsqu'il s'agit de trancher des questions de personnel ou d'utilisation du budget, un chef d'établissement scolaire a moins de marge de manœuvre que l'administrateur-délégué d'une fabrique de boulons. »[100]

En Communauté française de Belgique, la ministre Laurette Onkelinx se plait à comparer l'école publique à un « lourd paquebot » et ne cache pas sa préférence pour une « flottille de petits navires faciles à manier ». [101] L'image est jolie et met le doigt sur le troisième aspect de l'autonomie : tous les passagers d'un paquebot arrivent avec certitude au même port, alors que les petits navires risquent de suivre des caps bien différents. Risquent ? Dans le chef des responsables politiques et économiques du Vieux Continent, il ne s'agit pas d'un risque, mais d'une volonté délibérée. L'autonomie permet précisément un développement inégal, cette hiérarchisation des écoles et des filières d'enseignement, une sélection plus stricte sur laquelle nous reviendrons au dernier chapitre. Jacques Delors, par exemple, plaide pour « un système plus flexible permettant la diversité des cursus », dans lequel il voit d'ailleurs « une réponse valable aux questions posées par l'inadéquation entre l'offre et la demande de travail ». [102] En Allemagne, la réforme de l'enseignement supérieur qui, en 1997, a accru l'autonomie des établissements, visait entre autres à « rendre possible une plus stricte différenciation des études ». [103]

Ce « développement inégal » qui implique inévitablement une hiérarchisation accrue des formations est l'aspect du mouvement de décentralisation que les autorités aiment le moins reconnaître. Tantôt elles le nient carrément. Tantôt elles l'enrobent de phrases hypocrites sur « l'encouragement de la diversité des talents ». [104] Parfois même, elles affirment que cette différenciation « permettrait de réduire l'échec scolaire ». On sous-entend alors que les difficultés d'apprentissage seraient généralement dues à une mauvaise orientation, c'est-à-dire à une incapacité propre à l'élève. Voilà de nouveau la théorie des dons et des capacités...

Tout cela n'est pourtant que secondaire. La raison d'être principale de la décentralisation, ce qui en fait un élément essentiel dans le contexte des rapports de production capitalistes et de leurs caractéristiques nouvelles, c'est la capacité des écoles autonomes à s'adapter plus spontanément et plus rapidement aux attentes changeantes des employeurs. Voyons cela en détail.

6.

Déréguler pour coller au marché

Flexibiliser l'enseignement

Comme le rappelle la Table Ronde des Industriels européens, « il faut que le système éducatif soit préparé à une redéfinition permanente des métiers ». Il faut également, toujours selon le groupe de pression patronal européen, « renforcer l'adaptabilité », « élargir la gamme des compétences spécialisées au lieu de la rétrécir ». [105]

Cette demande patronale a été bien reçue par la Commission européenne. Dans son *Livre Blanc sur la croissance et l'emploi*, celle-ci estime que l'éducation et les systèmes de formation doivent être entièrement « repensés », afin de tenir compte « du besoin – croissant et qui croîtra encore davantage à l'avenir – d'une recomposition et d'un redéveloppement permanents du savoir et du savoir-faire ». [106] Dès lors, la Commission estime qu'un système d'enseignement plus flexible et plus ouvert, s'adaptant davantage aux changements, « deviendra de plus en plus important, aussi bien pour l'entreprise, afin qu'elle puisse faire un meilleur usage des innovations technologiques qu'elles développent ou acquièrent, que pour les individus, dont une proportion importante auront à changer d'emploi quatre à cinq fois au cours de leur vie. »[107] La distinction faite ici entre les « besoins » des entreprises et ceux des individus est pour le moins hypocrite. Car si le travailleur est effectivement conduit à changer plusieurs fois de profession au cours de sa vie, ce n'est, en général, pas par choix mais par obligation. Seul l'intérêt des entreprises – c'est-à-dire celui de leurs actionnaires – motive la « flexibilisation » du travail et donc celle de l'enseignement.

« C'est, dit le ministre flamand Luk Van Den Bossche, une illusion de croire que nous pourrons affronter la société de la connaissance avec le niveau actuel de standardisation dans l'enseignement. »[108] La décentralisation et l'autonomie sont en effet perçues comme le principal moyen d'assurer la capacité d'adaptation du système d'enseignement aux mutations rapides du marché de l'emploi. Et ce pour deux raisons : parce que l'autonomie accroît la concurrence entre les établissements et parce qu'elle augmente leur marge de manœuvre. Le Groupe de Réflexion sur l'Education et la Formation mis en place par la Commission européenne donne un bel exemple de cette dynamique. Comment, se demande-t-il, pouvons nous amener les écoles à introduire les nouvelles technologies de l'information et des communications, comme le réclament les employeurs ? La solution, c'est la décentralisation, l'autonomie et la concurrence entre écoles. « La résistance naturelle de l'enseignement public traditionnel devra être dépassée par l'utilisation de méthodes combinant l'encouragement, l'affirmation d'objectifs, l'orientation vers l'utilisateur et la concurrence, notamment celle du secteur privé. »[109]

Non seulement, selon l'expression de Jacques Delors, « l'autonomie des établissements encourage fortement l'innovation», mais elle en est même la condition *sine qua non*. L'autonomie permet précisément aux écoles de changer, de bouger plus facilement, de modifier leurs cursus, leurs programmes, leurs méthodes, en fonction des attentes des «clients», c'est-à-dire, en définitive, suivant les attentes des entreprises. La Commission européenne explique: «Ce que montre l'expérience, c'est que les systèmes les plus décentralisés sont aussi ceux qui sont les plus flexibles, qui s'adaptent plus vite et qui permettent de développer de nouvelles formes de partenariat.» [110]

Une fois de plus, les idéologues du Front National résument avec clarté ce que tous les autres s'efforcent d'enrober de mille précautions. Grâce à une complète autonomie, que les fascistes français proposent de concrétiser sous la forme du chèque scolaire, «certaines écoles seront plus appréciées que d'autres. Les parents se presseront pour y inscrire leurs enfants et il appartiendra aux établissements moins cotés de faire les efforts nécessaires pour égaler les meilleurs. Ils en auront les moyens puisqu'ils disposeront d'une large autonomie qui permettra aux directeurs mais aussi aux maîtres et aux professeurs de modifier la gestion, le déroulement des cours et les méthodes pédagogiques en fonction des résultats obtenus.» [111]

La Commission de l'UNESCO ne dit rien d'autre lorsqu'elle demande d'accroître tout à la fois «la responsabilité et la capacité d'innovation de chaque établissement scolaire». Voilà, dit-elle, «tout l'intérêt d'une sage décentralisation». [112] Comme si «l'innovation» était toujours bonne à prendre! Comme si le changement ne pouvait pas être parfois rétrograde! Les heures précieuses que l'on consacrera à l'initiation aux «nouvelles technologies», à l'acquisition de l'esprit d'entreprise, à l'inculcation de compétences transversales flexibles et rapidement exploitables... où les prendra-t-on? Au détriment de quel enseignement?

De l'histoire ? Des sciences de la nature ? Des sciences humaines ? De la philosophie ? De l'éducation artistique ? Ou de quelque autre domaine « inutile » parce que non productif ? Car on ne saurait douter de l'objectif réel de toute cette flexibilité. Il s'agit, comme l'explique clairement l'Organisation Internationale du Travail (OIT), de mettre en place « des systèmes de formation axés sur la demande, qui répondent aux besoins réels et immédiats des entreprises, au détriment des systèmes axés sur l'offre, qui tendent à dépendre des priorités établies par les pouvoirs publics et les organismes de formation en place. » [113]

La pression de la concurrence

Le rapport de l'OIT ajoute : « Les organismes de formation du secteur public sont contraints d'entrer en concurrence avec les autres pour obtenir les contrats de formation. » [114] En effet, des établissements décentralisés et autonomes, entre lesquels les élèves ou leurs parents peuvent plus ou moins « librement choisir », sont davantage en situation de concurrence mutuelle. Dès lors, ils sont plus enclins à répondre aux pressions de l'extérieur, aux demandes des entreprises. Ces demandes sont relayées par les parents qui cherchent ainsi à maximiser les chances de leurs enfants sur le marché de l'emploi. Leur démarche est parfaitement légitime sur le plan individuel, mais, nous l'avons vu plus haut, strictement inefficace pour développer globalement l'emploi. Qu'à cela ne tienne. « C'est, dit la Commission européenne, par une plus grande autonomie d'acteurs responsables clairement informés des missions qui leur sont confiées que les systèmes d'éducation et de formation pourront le mieux s'adapter. » [115] Ces acteurs seront « clairement informés », notamment par les parents, qui enverront leurs enfants dans les écoles offrant la meilleure adéquation aux attentes du marché de l'emploi.

A cette fin, il faut, selon le travailliste Blunkett, « créer un climat dans lequel les écoles sont constamment défiées de se comparer aux écoles semblables et d'adopter les moyens qui ont fait leurs preuves pour augmenter les performances. » [116] L'un des moyens de créer ce climat est la publication régulière des résultats des écoles afin d'inciter les parents à augmenter la pression sur les établissements scolaires. « La publication des listes de performances profite aux parents et agit comme un aiguillon pour améliorer les performances », dit Blunkett. « Nous publierons encore davantage de ces données qu'auparavant. Il nous faut offrir aux parents et aux autres de meilleures informations en complétant les résultats bruts avec la mesure du progrès accompli par les élèves. » [117] En France aussi, on publie désormais le classement des lycées selon les résultats du bac. Afin, nous explique *Le Monde*, « d'inciter les équipes enseignantes et les directions à élaborer des projets d'établissement. » [118] En Belgique, c'est le magazine de consommateurs *Test Achats*, qui se lance dans une « étude comparative des écoles ». Aux Etats-Unis, Clinton veut introduire un « *national achievement test* » afin que les parents puissent « classer » l'école de leurs enfants et la comparer aux établissements concurrents. Les pays qui, comme l'Allemagne, ne pratiquent pas encore ces comparaisons suivront bientôt. L'ex-président allemand Roman Herzog s'interroge : « Pourquoi avons-nous toujours été craintifs à l'idée de faire participer nos écoles à une comparaison qui stimule la compétition ? » [119]

Seul face à l'école

Avec la dérégulation, l'élève et ses parents n'ont plus en face d'eux un système d'enseignement uniforme et clairement structuré. Désormais, ils seront amenés à tracer leur voie à travers une multitude d'institutions scolaires autonomes et disparates, tant sur le plan des objectifs que des méthodes. L'individu devra faire davantage de choix personnels et ceux-ci pèseront plus lourdement sur son cursus scolaire. « Nous sommes face à des évolutions contradictoires », explique la ministre fédérale autrichienne de l'Education et de la Formation, Elisabeth Gehrer : « La liberté des individus de choisir leur propre voie devient de plus en plus grande mais les horizons de vie et de planification sont toujours plus incalculables. »

En même temps, les établissements scolaires abandonnent petit à petit leur caractère d'institutions de service public, pour se présenter aux parents ou aux étudiants comme des fournisseurs commerciaux d'enseignement. L'élève, quant à lui, perd son statut de futur citoyen en cours d'instruction, pour devenir un client demandeur de formation. Le glissement est perceptible jusque dans l'usage des mots. Pour l'OCDE, par exemple, « les écoles ne pourront répondre [aux] nouvelles attentes que si elles [deviennent] des institutions plus ouvertes au service d'intérêts très divers et d'une large clientèle ». L'organisme international chargé de contrôler le bon fonctionnement du capitalisme poursuit : « L'apprenant et les besoins qu'il peut avoir occupent une place centrale: en d'autres termes, l'enseignement et la formation sont envisagés avant tout sous l'angle de la demande. »[120]

Le passage du système des qualifications à celui des compétences contribue, de même, à individualiser la relation à l'école. Là encore, les normes s'estompent et l'élaboration d'une trajectoire scolaire cohérente tiendra souvent du jeu de hasard. Il n'y a plus quelques routes bien tracées entre lesquelles il faut choisir (si tant est que l'on choisit réellement), mais une brousse chaotique et aveuglante où la plupart avanceront à tâtons.

Tel est bien l'objectif: mettre les jeunes dans une situation où la concurrence et la hantise de l'adéquation à l'emploi remplissent pleinement leur rôle de moteur du changement, tout en leur proposant une grande diversité de cursus et en espérant ainsi trouver dans la multitude de travailleurs diversement formés, celui qui correspondra le mieux à l'emploi offert.

Seul face à l'école, le jeune une fois devenu travailleur sera à nouveau seul face à son patron. Car, comme l'explique Elisabeth Dugué, avec l'usage des compétences, se mettent en place de nouveaux modes de gestion des personnels : « Dans le modèle idéal fourni par le discours des consultants en ressources humaines, les négociations entre employeurs et employés relèvent du libre marché, puisqu'elles sont partiellement délivrées des contraintes du diplôme. La compétence est présentée comme un bien privé qui doit s'échanger sur un marché actif et bien informé. "Compétences plus marché, c'est la liberté". Dans les pratiques, on constate que les démarches planificatrices sont abandonnées. Les modes de négociations, paritaires et nationaux, sur lesquels reposait la qualification, perdent de l'importance. » [121]

Les dogmes nouveaux, les compétences, l'apprentissage tout au long de la vie, tout cela « exige de l'individu une plus haute responsabilité dans ses choix de formation », dit le ministre allemand Rüttgers. « Alors que, jadis, le professeur était au centre, c'est maintenant l'apprenant qui est au centre. » [122] Il ne faut pas se laisser abuser par les mots. L'élève est au centre ? Oui, mais il est seul. Il est le « client-roi » d'un supermarché éducatif où se côtoient les meilleurs et les pires « produits scolaires ». Rüttgers dit « responsabilisation », mais il faut lire « perte de droits », « absence de garanties », « individualisation » et « injustice ». Car tous ne sont pas égaux face aux choix, face aux orientations, face aux didacticiels et au multimédia, face à l'institution scolaire et à ses méandres. La dérégulation, c'est la croissance de l'inégalité, et l'inégalité scolaire reproduit, amplifie, l'inégalité sociale.

Carte de compétences

L'une des formes les plus achevées et tout à la fois pleinement symbolique de cette individualisation de l'enseignement, c'est la « *personal skill's card* », la « carte personnelle de compétences ». De quoi s'agit-il ? L'idée en a été lancée par la Commission européenne dans son *Livre Blanc sur l'éducation et la formation* : « un tel document doit permettre à chaque individu de faire reconnaître ses connaissances et ses savoir-faire au fur et à mesure de leur acquisition. Il s'agit d'appréhender, grâce à des études et des projets pilotes, quelles sont les données pertinentes et de réfléchir aux modalités d'utilisation d'une telle carte par les individus. » [123] C'était en 1995. Trois ans plus tard, dans un discours consacré à ce projet, Madame Cresson peut déjà être plus précise : « l'individu doit pouvoir faire valider ses compétences fondamentales techniques ou professionnelles (...) Chacun devrait pouvoir disposer, s'il le désire, d'une carte personnelle de compétences où seraient portées les connaissances ainsi validées. Je voudrais insister sur le fait que cela peut concerner à la fois un certain nombre de savoirs fondamentaux dont la décomposition en niveaux est aisée (les langues, les mathématiques, des éléments de gestion, d'informatique, de droit, d'économie, etc.), mais aussi des savoirs techniques (comptabilité, techniques financières, techniques de l'exportation, etc.), autant que des savoirs professionnels plus transversaux (le sens de l'organisation, certaines capacités de décision, etc.). »[124] La Commission a soutenu, dans le cadre du programme *Leonardo da Vinci*, un certain nombre de projets pilotes qui semblent désormais en bonne voie d'aboutir.

Ce système d'accréditation sera informatisé. Dans son portefeuille, entre sa carte de banque, sa carte de crédit, sa carte d'identité électronique et sa carte de mutualité, on aura aussi une carte magnétique ou une carte à puce portant en mémoire l'ensemble des capacités, des savoirs et des compétences que l'on aura pu faire accréditer. À terme, les fournisseurs de télé-enseignement par Internet pourront mettre à jour votre carte de compétences à distance, via votre ordinateur personnel. Inversement, l'employeur pourra utiliser cette même carte pour déterminer, toujours à distance, si un candidat travailleur correspond bien à ce qu'il recherche.

C'est d'ailleurs là, la fonction première de la « skill's card ». Le passage de savoirs précis et de qualifications réglementées à un système de compétences souples et extrêmement variées, rend caduc le diplôme classique. Mais les employeurs continuent d'avoir besoin d'un système de certification fiable, afin de pouvoir procéder à une première sélection à l'embauche. La carte de compétences est la réponse à cette demande. Madame Cresson, après avoir pris soin de préciser qu'elle « ne conteste pas bien sûr la voie du diplôme » qui « demeure évidemment nécessaire », estime néanmoins que celui-ci ne suffit plus. Elle propose dès lors « d'adopter une démarche qui valorise les qualifications, quelles qu'en soient les modalités d'acquisition. Une approche plus ouverte et plus souple est nécessaire : une approche qui encourage la formation tout au long de la vie et l'acquisition continue de compétences. Et cette approche doit être basée sur la reconnaissance des compétences partielles, à partir d'un système d'accréditation fiable. »[125]

La Commission européenne souhaite également que ce nouveau système d'accréditation permette de « faire reconnaître sur une base plus large les savoirs techniques acquis dans l'entreprise ».[126] Là encore, la carte de compétences ouvre sans le dire une des portes de la privatisation de l'enseignement.

Pour soutenir le projet auprès de l'opinion publique, Madame Cresson se plaît à souligner que ce système permettrait d'introduire « davantage d'autonomie individuelle » dans les choix de formation. Elle affirme même qu'il « redonnera le goût de la formation à ceux qui ne veulent ou ne peuvent pas s'insérer dans un système d'enseignement classique ».[127] La Table Ronde des Industriels européens, qui est bien sûr favorable au projet, en vante les mêmes mérites : « Les étudiants pourront définir leurs propres objectifs éducatifs et les conduire à leur rythme personnel ».[128]

C'est une liberté bien pernicieuse, que nous chantent ces sirènes-là. Les étudiants seront surtout « libres » de chercher individuellement à s'adapter le mieux possible aux attentes des employeurs. Et ils n'auront d'autre choix que de le faire, puisqu'ils se sentiront poussés par la concurrence à l'emploi, avivée justement par cette individualisation de l'instruction. Au solde de tout compte, ils n'auront échappé aux contraintes du système éducatif traditionnel que pour se trouver enfermés dans la voie unique, étroite, de la compétitivité à tout prix. Ainsi la « Carte de compétences » s'affirmera-t-elle comme l'un des moyens modernes de restreindre l'éducation du peuple à ce qui est strictement nécessaire aux besoins de l'économie capitaliste.

7.

L'école « marchandisée »

Le temps des « sponsors »

En ces temps de crise et d'instabilité économique, les investisseurs sont à la recherche de nouvelles activités lucratives. Après les transports en commun, la poste, les télécommunications et les soins de santé, l'enseignement et les savoirs apparaissent comme l'un des derniers grands marchés à conquérir. Avec la dérégulation de l'école, ce gigantesque champ de profits est en train de s'ouvrir aux entreprises privées. D'une part, les établissements autonomes, à la recherche de fonds budgétaires, et les enseignants en mal de matériel didactique résistent de moins en moins aux offres de la sponsorisation privée. D'autre part et surtout, l'organisation même de l'enseignement devient de plus en plus une affaire commerciale où émergent des sociétés spécialisées dans les cours du soir, le télé-enseignement, les outils multimédias, les didacticiels sur CD-ROM, etc.

Le financement de supports didactiques ou d'activités parascolaires par des sociétés privées, à des fins de publicité, est d'ores et déjà une pratique courante, même si la plupart des législations nationales l'interdisent encore formellement.

Ainsi, la société Nestlé est activement présente dans les écoles maternelles et primaires avec ses animations pédagogiques sur le thème du « petit-déjeuner sain » centré autour de son chocolat en poudre Nesquik et ses céréales. Nestlé se soucie nettement moins de la santé des enfants (du moins de leur dentition) quand elle leur offre des bonbons Smarties pour les fêtes de fin d'année. Qu'à cela ne tienne, Colgate est là ! Deux millions d'enfants français ont déjà bénéficié des bons conseils de ce fabriquant de dentifrice.[129]

C'est encore l'argument de la santé qui permet à Danone d'être présent dans les écoles maternelles de différents pays européens, avec son coffret pédagogique sur l'« alimentation-plaisir ». Pour la déléguée générale de Danone, Agnès Martin, l'initiative « contribue à l'image santé de la marque ».[130]

Dans l'enseignement secondaire, les sponsors se multiplient et se diversifient. Ainsi la société française Candia a participé à la réalisation d'un « kit » pédagogique destiné aux professeurs de biologie de troisième autour du thème « capital génétique, alimentation et santé ». La réalisation d'un classeur de transparents et son envoi à 4 000 professeurs de biologie ont coûté 1 million de FF (150 000 euros). Ils ont permis à la marque de toucher chaque année 215 000 élèves de troisième, soit un tiers de cette classe d'âge en France. Le logo Candia apparaît en bas de chaque transparent.[131]

Les firmes Texas Instruments et Casio organisent des stages pour l'utilisation de leurs calculatrices et publient des fiches pédagogiques à l'usage des enseignants et des élèves. Elles exercent un véritable *lobbying* auprès des ministères et des responsables de l'élaboration des programmes de mathématique, afin que ceux-ci encouragent l'utilisation de calculatrices toujours plus performantes, comme par exemple les modèles « graphiques ».

Coca-Cola, qui avait davantage de mal à pénétrer ce marché théoriquement « interdit » en France, a demandé conseil à la société Protéines, spécialisée en « sponsoring éducatif ». Celle-ci a réalisé, pour le limonadier américain, un dossier « découverte de l'entreprise » comprenant des fiches sur les fonctions de l'entreprise, une disquette informatique et une cassette vidéo sur l'usine de remplissage de canettes à Dunkerque. Ce dossier aurait été utilisé par 65 % des professeurs de technologie de troisième auxquels il était destiné. « En parlant de Coca, ils deviennent des stars aux yeux de leurs élèves », déclare fièrement Pierre Richard, porte-parole de Protéines, qui ajoute : « Le débat sur l'entrée des entreprises dans l'école n'existe plus. Elles y sont déjà largement présentes ». [132]

Certains chiffres sont, à ce sujet, proprement effarants. Selon un sondage réalisé auprès de trois cents instituteurs français, deux tiers jugent « utile » ce type de partenariat entreprise-école. Seuls 20 % déclarent que « ce n'est pas le rôle des marques de fournir de l'information ». Pire encore : seulement 35 % d'entre eux estiment que la publicité pour l'alcool et le tabac ne doit pas franchir les murs de l'école. [133]

Et lorsqu'une marque est à court d'inventivité pédagogique, il reste les arguments purement commerciaux pour pénétrer les écoles, les collèges et les lycées. La société française Giraudy s'est spécialisée dans la pose d'affiches publicitaires sur les murs des lycées. « Il y a dix ans », constate le proviseur du collège Pierre-Alviset à Paris, « les parents et les professeurs n'auraient pas été faciles à convaincre, mais aujourd'hui, les "crédits Giraudy" sont devenus une ressource naturelle qui nous donne un souffle d'air pour les appareils audio-vidéo, ou l'aide aux voyages scolaires. » [134]

Une autre société de marketing française, spécialisée dans le marché des jeunes et qui se nomme modestement *L'Institut de l'Enfant*, a calculé que la consommation des familles est influencée à hauteur de 43 % par les enfants. Cela représente, pour la France, un marché de l'ordre de 600 milliards de FF (90 milliards d'euros). On comprend dès lors, comme l'écrit le journal patronal *Les échos*, que « l'enceinte scolaire et, surtout, la caution de l'enseignant constituent, pour une marque, un facteur de crédibilité inestimable ». [135]

Des parents en quête de qualité

Le deuxième aspect de la « marchandisation » de l'école est bien plus grave encore. Dans le contexte de crise, d'augmentation des inégalités sociales et de chômage massif, les parents sont désireux de donner les meilleures chances à leurs enfants en les armant des compétences les plus souvent réclamées et les mieux rétribuées. D'autre part, ils s'inquiètent légitimement de la perte de qualité que subissent l'enseignement public et semi-public du fait de l'austérité budgétaire et de la dérégulation. Beaucoup se tournent alors vers le secteur privé, pour compléter, voire pour remplacer, l'instruction publique.

Alors que jadis, les écoles privées étaient souvent l'apanage des seules classes supérieures, désireuses de préserver leurs fils et leurs filles de la « contamination », mais aussi de la concurrence des enfants du peuple, on assiste maintenant à une « massification » de cette forme d'enseignement. En Allemagne, les frais d'inscription annuels, payés par les parents à des écoles privées ou partiellement subventionnées, s'élèvent à 31 milliards de DM (16 milliards d'euros) pour l'enseignement primaire et secondaire, et 3 milliards de DM (1,5 milliard d'euros) pour l'enseignement supérieur. En France, les familles payent annuellement des droits d'inscription qui totalisent 36 milliards de FF (5,5 millions d'euros) dans le primaire et le secondaire, 13 milliards de FF (2 milliards d'euros) dans le supérieur.[136] En Belgique, une étude réalisée par l'Institut de Sociologie de l'Université Libre de Bruxelles a révélé que les 30 % des ménages les plus aisés (revenus mensuels supérieurs à 2 500 euros) dépensaient annuellement, en moyenne, 5 000 euros en frais éducatifs.[137]

Tout cela représente d'ores et déjà un enjeu commercial considérable. Que dire alors des sommes fabuleuses, des 360 milliards qui sont consacrés chaque année à l'enseignement par les Etats européens ? Quelle aubaine inouïe, si une partie seulement de ces dépenses publiques d'éducation pouvait tomber dans l'escarcelle des entreprises privées ! Pour fixer les idées, il faut savoir que le budget enseignement annuel d'un pays comme la France représente un tiers de la valeur totale de son commerce extérieur : quel fabuleux marché !

On ne s'étonnera donc pas d'entendre des porte-parole du patronat français déclarer que « l'enjeu économique que représentent les 12,5 millions d'élèves de la maternelle au baccalauréat est considérable. »[138] On ne s'étonnera pas davantage de voir un ministre de l'Education, comme l'Allemand Rüttgers, considérer d'ores et déjà l'enseignement de son pays comme un secteur économique parmi d'autres, par exemple quand il déclare que « l'attrait international de l'offre d'études en Allemagne doit s'élever », tout en précisant que « nous devons nous défaire de l'idée que la formation peut se faire gratuitement ».[139]

Dans certains pays européens, des pans entiers de la gestion des écoles publiques sont d'ores et déjà aux mains du secteur privé. Ainsi, en Grande-Bretagne, l'inspection des écoles primaires est assurée, depuis 1993, à raison de 73 % par des organismes privés qui captent ainsi un marché de 118 millions de livres sterling (environ 180 millions d'euros). Dans le même pays, le remplacement des professeurs absents est également devenu une activité lucrative. La société Capstan, par exemple, place quotidiennement un millier de professeurs-remplaçants.[140] Loin de mettre fin à ces privatisations initiées sous le gouvernement conservateur, le New Labour a poursuivi dans la même voie. En lançant en 1997 les *Education Action Zones* (EAZ), l'équivalent britannique des ZEP françaises et belges, le travailliste Michael Barber a invité les entreprises privées à s'impliquer directement dans leur gestion, sur le modèle américain où des sociétés comme Arthur Andersen ou Procter and Gamble gèrent en toute indépendance des écoles dites « publiques ».[141]

Le catalyseur NTIC

Poussé par la dérégulation du système éducatif, entraîné par la soif de débouchés d'une économie en crise, le processus de « marchandisation » trouve également un puissant catalyseur dans l'expansion de l'informatique, du multimédia et des technologies de la communication.

L'introduction des ordinateurs dans les salles de classe, la connexion au réseau Internet et l'utilisation de didacticiels par les élèves ont beau être présentés comme des moyens d'améliorer la pédagogie et de combattre les échecs scolaires, il serait naïf de croire que les milliards d'euros que les pouvoirs publics consacrent actuellement à l'informatisation des salles de classe répondent uniquement, voire principalement, à des considérations pédagogiques. Deux autres facteurs, beaucoup plus prosaïques, jouent ici le rôle de forces motrices.

Premièrement, comme nous l'avons vu, les entreprises demandent que les travailleurs (tout comme les consommateurs) aient acquis l'habitude d'évoluer dans l'environnement dicté par ces technologies modernes. Une initiation s'impose donc dès le plus jeune âge, car on a observé que l'enfant se familiarise beaucoup plus facilement avec le mode de dialogue des ordinateurs que l'adulte. Comme toujours, et à force de matraquage médiatique, cette demande des industriels et des autres employeurs est relayée, portée, par les parents d'élèves, qui espèrent ainsi augmenter ou préserver les chances de leurs enfants dans la lutte pour l'emploi.

Deuxièmement, l'informatisation des écoles représente un marché de taille pour les sociétés de matériel informatique, de logiciels, de télécommunications et de multimédia.

L'équipement matériel et logiciel des écoles, ainsi que leur connexion au réseau, vont assurément «imposer» d'importants investissements. Qu'à cela ne tienne, «ils généreront des bénéfices à la mesure des enjeux» promet la Table Ronde des Industriels européens. [142] Jacques Attali, l'ancien conseiller du président François Mitterrand, estime même qu'un jour viendra «où l'enseignement, loin d'être un coût pour la société, sera une source de profit pour les industries du savoir, qui fabriqueront les vidéodisques, les CD-ROM, les logiciels éducatifs et les sites Internet dont se serviront nos enfants.» [143]

En France, le ministre Claude Allègre a donné le coup d'envoi, en novembre 1997, d'un plan de développement des nouvelles technologies de l'information et de la communication dans l'enseignement. Le coût total de ce plan est évalué à 15 milliards de FF sur trois ans (2,3 milliards d'euros). «C'est un chantier immense qui s'est ouvert là, dans lequel, écrit le quotidien patronal *Les échos*, chacun peut espérer avoir sa part du gâteau». [144]

Tony Blair, le Premier ministre britannique, a lancé en octobre 1997 un projet de cent millions de livres (environ 150 millions d'euros) pour mettre en réseau les 32 000 écoles britanniques… sous le patronage de Bill Gates, président de la société Microsoft.[145] Le gouvernement fédéral belge, qui n'a pourtant pas l'enseignement dans ses attributions, a débloqué, début 1998, pas moins de 860 millions de FB (21 millions d'euros) pour aider les écoles à se connecter à Internet. Au terme de négociations entre l'Etat et l'entreprise de télécommunications Belgacom, chacun de ces deux partenaires a pris en charge un peu moins de la moitié du coût des lignes RNIS permanentes qui équipent les écoles. Le reste est à charge des établissements scolaires eux-mêmes.[146] Pendant ce temps, les gouvernements régionaux font assaut de concurrence pour savoir qui équipera le premier et le mieux ses classes d'école en ordinateurs. Le gouvernement wallon, par exemple, malgré ses difficultés financières, a dégagé 2 milliards de FB (50 millions d'euros) pour installer dans chaque école une classe d'ordinateurs connectés au réseau Intranet wallon WIN, ainsi qu'une « classe multimédia ». Un projet qui, signalons-le, a été lancé sans le moindre accompagnement pédagogique digne de ce nom.

En Allemagne, le ministère de l'éducation et de la formation a lancé, dès le printemps 1997, l'initiative « *Schulen ans Netz* » (les écoles sur le réseau). Le projet est mené en collaboration technique et financière avec la *Deutsche Telekom* et une vingtaine d'autres sponsors. Le ministère de l'Education prend 12 millions d'euros à sa charge ; *Deutsche Telekom* 19 millions d'euros. Début 1998, 6 500 établissements étaient déjà connectés. L'objectif étant d'arriver rapidement à brancher les 44 000 écoles allemandes.[147]

Aux Pays-Bas, les nouveaux médias ont été placés explicitement au centre de la politique d'éducation avec un budget croissant de 4,7 millions d'euros en 1997, à 14,1 millions en 1999.[148]

Tous ces investissements poursuivent-ils des objectifs pédagogiques ? Non. Madame Edith Cresson nous rappelle opportunément de quoi il s'agit : « dans cette compétition vitale pour notre société, le temps nous est compté : nous avons en effet entendu tout récemment que le Président des Etats-Unis se fixait l'objectif de connecter gratuitement toutes les écoles, les universités et les bibliothèques d'ici l'an 2000. Le Japon fera de même à l'horizon 2010. »[149] La compétition économique, toujours la compétition économique : voilà l'enjeu réel.

L'introduction des ordinateurs et des nouvelles technologies de l'information et des communications dans l'enseignement est, comme on le voit, l'occasion de plantureux contrats. Les sociétés du secteur informatique l'ont si bien compris qu'elles n'hésitent pas à investir dans la recherche et l'expérimentation pédagogique, histoire de faire tomber les barrières. Chez Microsoft France, une équipe spécialisée travaille depuis 1992 sur ce marché. En 1996, elle a lancé l'opération « Graine de multimédia » en partenariat avec Hewlett-Packard. Onze classes de primaire, réparties dans toute la France, ont été équipées gratuitement de 8 ordinateurs chacune. Chaque classe disposait d'une cinquantaine de CD-ROM, d'une banque de fiches pédagogiques et d'un accès illimité à Internet. Ce programme de 3 millions de FF (0,5 million d'euros) d'investissements par an « constitue un laboratoire pour étudier les blocages structurels qui freinent l'équipement des écoles », explique Alain Falck, directeur de la division entreprises, éducation et recherche de Microsoft France.[150] La société Apple multiplie également les tentatives pour s'implanter dans les écoles de l'Hexagone, notamment via un partenariat avec l'enseignement catholique qui veut équiper ses dix mille établissements.[151] Les écoles sont d'autant plus réceptives à ces formules de partenariat qu'elles espèrent, ainsi, éviter les échecs cuisants qui avaient souvent caractérisé les premières vagues d'informatisation, vers le milieu des années 1980 (notamment en Grande-Bretagne et en France).

Quand la pédagogie stimule les ventes

Avec l'ordinateur, ce sont aussi les logiciels éducatifs et les productions multimédias qui entrent à l'école. Ou encore les «sites Internet» qui nous sont présentés comme une intarissable source d'informations, où l'élève n'aura qu'à puiser. Mais, comme le note Gérard Kuntz, chercheur à l'IREM de Strasbourg, «la virtuosité des jeunes utilisateurs à surfer sur les réseaux ou sur les CD-ROM crée l'illusion d'une maîtrise de l'information. Par quel miracle, un élève qui peine à exploiter un document simple et inerte deviendrait-il expert pour s'approprier une information rapide, dense, changeante et multiforme ?»

Une fois de plus, la pédagogie n'est qu'un alibi. L'essentiel, c'est qu'avec les didacticiels, les CD-ROM et Internet, des pans entiers de l'enseignement échappent petit à petit aux professeurs et aux pouvoirs publics, pour tomber dans le champ d'action des sociétés mercantiles.

Dans le chef des autorités politiques, il n'existe aucune volonté sérieuse de résister à cette «marchandisation» de l'école. Au contraire. La Commission européenne déclare explicitement que «la concertation avec les partenaires de la “société de l'information” et les diffuseurs de produits éducatifs doit être renforcée» car «la frontière entre le monde de l'éducation et celui de la “société de l'information” est de plus en plus ténue.»[152] Et pour Madame Cresson, «les partenariats entre les secteurs public et privé sont de toute évidence la clé du succès d'une telle initiative».[153]

Dès 1995, la Commission a créé une « task-force » chargée de stimuler l'émergence d'une industrie européenne des logiciels éducatifs. L'année suivante, Edith Cresson exprimait le souhait de regrouper au sein d'une Fondation des acteurs comme les fabricants de matériel, les opérateurs de l'audiovisuel et des télécommunications, les créateurs de logiciels et les représentants des administrations locales ou régionales, en particulier du monde de l'éducation.[154] En 1997, on apprenait que quinze entreprises du secteur multimédia s'étaient organisées dans un « Partenariat Européen pour l'Education » (*European Education Partnership*) pour mobiliser leurs ressources « en faveur de nos écoles », avec le soutien des autorités publiques à tous les niveaux.

L'entrée des ordinateurs et des nouvelles technologies de l'information et des communications dans les salles de classe ne représente pas seulement un important marché direct. Il s'agit également, peut-être surtout, d'un moyen de stimuler indirectement, via les élèves et leurs parents, l'ensemble du marché européen de l'informatique et du multimédia. La presse patronale française reconnaît sans honte qu'au-delà de l'apparition de ce nouveau et important client qu'est l'Education nationale, « les industriels voient dans l'ouverture de l'école à leurs techniques, même s'ils ne le disent qu'à mots couverts, une occasion en or pour capter leur clientèle de demain en façonnant son comportement vis-à-vis du multimédia, voire en orientant ses choix futurs. »[155]

« Pour nous, l'école offre une double perspective », confirme Alain Falck, directeur de la division entreprises, éducation et recherche de Microsoft France. « C'est, d'une part, un marché en tant que tel, comme celui de l'entreprise ; d'autre part, nous pensons qu'il aura un effet d'entraînement sur le développement des nouvelles technologies en France. Notre objectif étant d'imposer le plus largement possible notre plate-forme Windows. »[156] En 1998, Microsoft a donc lancé l'opération « Compétences 2000 », en direction de l'Education nationale française. Ce programme de formation aux technologies de la firme de Bill Gates a été doté de 30 millions de FF (4,6 milliards d'euros).[157]

Même son de cloche chez Ubi Soft : « L'utilisation des logiciels d'accompagnement scolaire est l'une des premières causes d'achat d'un micro-ordinateur par les familles françaises. Les parents sont très demandeurs de conseils et l'enseignant peut nous aider à faire connaître nos produits. »[158]

Enfin, lorsqu'on voit Mattel, le géant mondial du jouet, racheter pour 3,8 milliards de dollars (3,6 milliards d'euros) la société *The Learning Company*, leader américain des logiciels éducatifs qui détient 42 % de ce marché, on comprend que la pédagogie n'est décidément que le piètre prétexte de puissantes ambitions lucratives.[159]

A quoi sert la Commission européenne

On pourrait croire que de tels calculs ne germent que dans l'esprit avide des gestionnaires de sociétés privées. Pas du tout. Le même souci commercial est explicitement affirmé par les dirigeants européens.

Les chefs d'Etat européens qui ont participé au sommet du G7 sur la société de l'information, en 1995, ont exprimé leur désir de voir se développer sur le Vieux Continent une industrie de programmes multimédias, « sous peine d'en laisser le monopole aux producteurs américains et japonais ».[160] Un peu plus tard, Madame Edith Cresson, Commisssaire européen à l'Enseignement, prenant la parole à l'occasion du lancement du programme européen *Leonardo da Vinci* sur la formation professionnelle, annonçait qu'elle-même et son collègue Martin Bangemann, Commissaire à l'industrie, avaient décidé : primo, de faire travailler ensemble les différents services de la Commission pour promouvoir le développement de logiciels éducatifs européens ; secundo, de le faire en liaison étroite avec les entreprises de production multimédia. Mais le plus intéressant, ce fut la motivation de cet empressement. Ecoutons Madame Cresson : « Le marché européen demeure trop étroit, trop fragmenté, le nombre encore trop faible des utilisateurs et des créateurs pénalise notre industrie. Pourtant le secteur du multimédia et des nouveaux services audiovisuels nous promet un essor rapide. C'est pourquoi il était indispensable de prendre un certain nombre de mesures pour l'aider et le stimuler. C'est l'objectif du plan d'action "Apprendre dans la société de l'information" dont s'est doté la Commission en octobre 1996. Celui-ci a deux ambitions principales: d'une part, aider les écoles européennes à accéder au plus vite aux technologies de l'information et des communications; et, d'autre part, accélérer l'émergence et donner à notre marché la dimension dont notre industrie a besoin. » [161]

On ne saurait être plus clair. Il ne s'agit nullement là d'une déclaration isolée, qui n'engagerait que Madame Cresson. Dans le rapport officiel « Apprendre dans la société de l'information », on nous explique effectivement que si l'école doit absolument se mettre au multimédia et aux didacticiels, c'est parce que « ce secteur d'activité, avec le développement de nouveaux produits et de nouveaux services, est prometteur » mais qu'« un nombre trop faible d'utilisateurs et de créateurs pénaliserait durablement l'industrie européenne du multimédia ». C'est pourquoi l'initiative européenne en la matière « permettra enfin d'atteindre plus rapidement un nombre suffisant d'utilisateurs [...] et d'amorcer la constitution d'un véritable marché européen multimédia éducatif».[162]

Citons également cet extrait du rapport «Accomplir l'Europe par l'éducation et la formation», rédigé par le Groupe de Réflexion de la Commission européenne sur l'Education et la Formation: «On peut douter que notre continent tienne la place industrielle qui lui revient sur ce nouveau marché si nos systèmes éducatifs et de formation ne suivent pas rapidement. Le développement de ces technologies, dans un contexte de forte concurrence internationale, nécessite que les effets d'échelle puissent jouer à plein. Si le monde de l'éducation et de la formation ne les utilise pas, le marché européen deviendra trop tard un marché de masse, et l'évolution attendue de l'éducation et de la formation sera réalisée par d'autres.»[163]

Cette politique est scrupuleusement mise en œuvre. En France, le gouvernement de Lionel Jospin s'est doté, en 1998, d'un programme d'action intitulé «Préparer l'entrée de la France dans la société de l'information». L'un des objectifs avoués est de «soutenir l'industrie du multimédia éducatif» par la mise en place d'un guichet unique au sein de la Direction de la technologie du ministère de l'Education nationale, qui permettra de concentrer les investissements destinés aux projets de produits multimédias éducatifs. Une politique de labellisation, d'appels d'offre et d'achats couvrira l'ensemble des secteurs du multimédia: audiovisuel analogique et numérique, CD-ROM, Internet, etc.[164] Claude Allègre, pour qui «l'enseignant doit se préparer à assurer la mise en réseau de l'éducation», rappelle à qui veut l'entendre son ambition «de faire naître une industrie du logiciel éducatif». «Le pays doit s'affranchir de son colbertisme étroit» car «la mondialisation a fait du secteur éducatif un marché», précise le ministre français pour qui n'aurait pas bien compris.[165]

Lors du lancement du réseau Intranet wallon WIN, auquel sont désormais connectées toutes les écoles secondaires du sud de la Belgique, le gouvernement wallon ne cachait guère ses intentions véritables: «En deux ans, 600 000 étudiants et plus de 80 000 professeurs recevront leur "permis de conduire" pour les autoroutes de l'information! À travers eux, ce sont toutes les familles wallonnes qui seront sensibilisées à l'usage des télécommunications.» [166]

Il s'agit donc bien de mettre en application ce que réclamait dès 1994 et avec beaucoup de clarté la Table Ronde des Industriels européens: «Utiliser le montant très limité d'argent public comme catalyseur pour soutenir et stimuler l'activité du secteur privé». [167] Et quand le Programme d'action «Préparer l'entrée de la France dans la société de l'information» dit l'intention du gouvernement français de «mettre les richesses du multimédia au service de la modernisation pédagogique», on peut bien retourner la phrase, puisqu'il s'agit tout autant, sinon davantage, de mettre la modernisation pédagogique au service de l'industrie du multimédia. [168]

8.

Sous l'emprise du patronat

Alternance et apprentissage

La privatisation et l'instrumentalisation de l'enseignement au service de la compétition économique aboutissent finalement à une prise de contrôle directe par le patronat sur le système scolaire et sur les savoirs qu'il transmet. Cela va de soi pour les nouvelles formes d'enseignement, nées des technologies modernes: le télé-enseignement, l'industrie du multimédia et des didacticiels sont, dès leur naissance, très largement entre les mains d'entreprises privées. Mais c'est vrai aussi pour l'enseignement dans sa forme plus traditionnelle, où l'on observe que les employeurs dictent de façon toujours plus contraignante leurs volontés aux établissements scolaires.

En 1989, le Groupe de Travail Education de la Table Ronde des Industriels européens publiait son premier rapport. Il y déplorait que « l'industrie n'a qu'une très faible influence sur les programmes enseignés », que les enseignants ont « une compréhension insuffisante de l'environnement économique, des affaires et de la notion de profit» et que ces mêmes enseignants «ne comprennent pas les besoins de l'industrie». [169]

De fait, si l'école doit se transformer pour répondre plus vite et plus étroitement aux attentes du monde économique, la dérégulation ne suffit pas. La concurrence pousse certes les établissements à rechercher l'adéquation réclamée et l'autonomie leur donne la liberté de mouvement nécessaire. Mais encore faut-il savoir vers où évoluer. Que réclame le «destinataire du service»? Que veut l'entreprise? La «première condition» de l'adéquation est, pour reprendre l'expression de la Commission européenne, «l'ouverture de l'éducation sur le monde du travail». [170] En effet, aux yeux de la Commission, «la compréhension du monde du travail, la connaissance des entreprises et la perception des changements qui marquent les activités de production sont des éléments que l'école doit prendre en compte». C'est la raison pour laquelle la Commission européenne estime que «rapprocher l'école et l'entreprise» est une priorité. Pour y parvenir, le *Livre Blanc* de 1993 sur la compétitivité et l'emploi suggérait déjà de développer des incitants fiscaux et légaux afin d'encourager le secteur privé et le monde des affaires à s'investir directement dans l'enseignement. [171]

Le *Groupe de Réflexion Education-Formation* de la Commission européenne propose, lui aussi, d'impliquer fortement l'entreprise dans la formation professionnelle «parce qu'elle la fait mieux». [172] Concrètement, le groupe propose que l'école et les enseignants «se centrent sur leur métier», c'est-à-dire la formation générale, mais que l'école accepte que l'entreprise y pénètre d'une façon ou d'une autre pour effectuer la formation professionnelle ou, au moins y participer. Le groupe de réflexion suggère également que les entreprises et les institutions éducatives «coopèrent étroitement» et ce «sur les filières générales comme sur les filières professionnelles».

La mise en œuvre de cette stratégie est déjà bien avancée. La Commission y veille attentivement, par exemple dans le cadre du programme européen *Leonardo da Vinci*. Ainsi, un consortium d'entreprises espagnoles, irlandaises et portugaises a-t-il mis sur pied un programme de formation ciblé sur les demandes des petites et moyennes entreprises européennes en matière de contrôle de qualité, de management et de gestion des ressources humaines. Un autre partenariat, comprenant des constructeurs automobiles européens, des concessionnaires et des centres de formation de plusieurs pays, cherche à mettre au point et à valider un nouveau profil professionnel d'atelier, le « technicien expert ». Ce projet, ciblé sur les formateurs et le personnel hautement qualifié, a débouché sur la mise au point de deux logiciels éducatifs multimédias concernant la technique des bruits de la voiture et l'airbag. Toujours dans le cadre du programme *Leonardo da Vinci*, sept universités de plusieurs pays et onze constructeurs européens coopèrent dans un projet transnational de formation aux technologies avancées dans le domaine de l'aéronautique. La formation est validée par un diplôme et plus de 2 000 heures de formation ont été assurées depuis 1990, essentiellement à destination de jeunes ingénieurs.

Un réseau européen dans le domaine de la formation à la biotechnologie – Biomerit – regroupe quelques trente-trois partenaires issus de sept pays de l'Union. Il a organisé en trois ans près de quinze séminaires de formation destinés à environ neuf cents participants.

Les gouvernements nationaux suivent le mouvement. Au Danemark, le gouvernement s'est félicité parce que des représentants d'organisations patronales ont déjà « une influence décisive sur la gestion des collèges professionnels ».[173] En France, le socialiste Claude Allègre a dit son intention d'organiser « un va-et-vient permanent entre la formation et l'application dans la vie professionnelle ». [174] En Belgique francophone, l'ex-ministre de l'Education, Laurette Onkelinx, socialiste elle aussi, a conclu un accord avec les représentants de la puissante fédération de la métallurgie, Fabrimetal, portant sur « la formation des enseignants, la mise en œuvre des stages en entreprises, la formation en alternance, l'utilisation en commun et le développement de pôles technologiques ». [175] En Allemagne, le ministère de l'Education et de la Formation a lancé une action intitulée « *Arbeitskreise Schule-Wirtschaft* » (cercles de travail école-entreprise), afin d'améliorer la collaboration sur le plan régional entre les établissements scolaires et les entreprises. [176] Quant au travailliste britannique, David Blunkett, il estime que « les liens entre écoles et entreprises constituent un excellent moyen de préparer les jeunes gens au monde du travail. Ils aident à motiver les jeunes en leur montrant le sens de ce qu'ils apprennent à l'école ». [177]

Comme partout ailleurs, le sous-emploi et le décrochage scolaire servent ici de prétexte pour justifier la transformation de l'enseignement obligatoire en formation professionnelle assurée sur le lieu de travail. « Nous avons l'intention de prendre des mesures rapides en vue de promouvoir les formations liées au travail pour les jeunes de 14-16 ans. À l'âge de 14 ans, beaucoup trop de jeunes, surtout des garçons, sont fatigués de l'école et des *curricula* traditionnels. La formation liée au travail peut les remotiver. » [178] Il est vrai qu'une frange importante des jeunes de 14 ans sont « fatigués » de l'école. Mais au lieu de rechercher et de combattre les causes de ce décrochage, on s'y résigne et on en prend prétexte pour pratiquer une sélection hiérarchisante.

Le modèle allemand

La formation pratique sur le lieu de travail et sous le contrôle direct des employeurs, qu'elle se réalise sous la forme de l'apprentissage ou de la formation en alternance, offre un double intérêt aux yeux des patrons. Premièrement, comme le souligne le Rapport européen sur l'emploi de 1997, elle «constitue un des moyens les plus efficaces d'aider les jeunes à acquérir les qualifications et les compétences qui correspondent aux besoins du marché du travail et, partant, d'assurer [la transition] entre le milieu scolaire et le monde du travail.»[179] Elle garantit donc l'existence d'un «réservoir» de main-d'œuvre adéquatement formée. Deuxièmement, l'apprentissage et l'alternance jouent un rôle éducatif: ils permettent de mieux inculquer les comportements qui seront exigés du futur travailleur. «Les formations en alternance pour les jeunes», dit Jacques Delors, «peuvent compléter ou corriger la formation première et, en conciliant savoir et savoir-faire, faciliter l'insertion dans la vie active. Elles peuvent aussi faciliter grandement la prise de conscience par les adolescents des contraintes et des opportunités de la vie professionnelle, en les aidant à acquérir une meilleure connaissance de soi et à s'orienter. Elles sont aussi un atout pour l'accession à la maturité.»[180] En langage clair: l'apprentissage permet d'inculquer la discipline et le rythme de travail, la flexibilité, la soumission à l'autorité et l'esprit d'entreprise.

Dans les milieux dirigeants européens, l'Allemagne et l'Autriche font souvent office de modèles sur le plan du partenariat enseignement-industrie, notamment en raison de leur système d'apprentissage «dualiste», c'est-à-dire en alternance, que fréquentent 70 % d'une tranche d'âge.[181] Les jeunes y suivent deux jours de cours théoriques à l'école, comprenant seulement quelques heures de formation générale. Le reste du temps est consacré à des stages en entreprise. En septembre 1998, Claude Allègre a manifesté son intention de « fortement promouvoir l'alternance, en accord avec les syndicats ».[182] En 1997, le décret francophone belge sur les *Missions de l'enseignement obligatoire* affichait la même volonté. Au Québec, le *Plan d'action pour la réforme de l'éducation* prévoit la mise en œuvre d'un régime d'apprentissage « en facilitant la conclusion d'ententes sur le partage de la formation entre l'école et l'entreprise ». À cette fin, la ministre Pauline Marois a notamment décidé d'exclure les entreprises des dispositions de la *Loi sur l'enseignement privé,* « puisque ces dispositions ne sont pas adaptées à la réalité des entreprises qui participeront au régime d'apprentissage ». En clair : on libéralise le marché scolaire.[183]

Pourtant, le système d'apprentissage des pays germanophones, que l'on montre si souvent en exemple à toute l'Europe, bat de l'aile. C'est que l'Allemagne s'est vue, à son tour, frappée par la vague du chômage. Début septembre 1997, il n'y avait que 608 000 places de stages disponibles (un chiffre en hausse de 4 % par rapport à l'année précédente) pour 716 600 demandeurs (7 % de plus). Fin septembre, on dénombrait encore 38 500 jeunes qui n'avaient pas trouvé de lieu d'apprentissage (54 % de plus que l'année précédente). Le ministre du Travail, Bernhard Jagoda, estimait alors qu'on avait « une fois de plus frôlé le désastre ».[184] L'explication est simple : en période de chômage élevé, quand la main-d'œuvre est abondante, les entreprises sont moins demandeuses de jeunes en formation. Comme elles ne sont pas certaines de pouvoir les embaucher à la sortie, leur formation risque d'être un investissement à fonds perdus.

En 1998, l'Allemagne a connu une nouvelle augmentation de 10 000 unités du nombre de candidats stagiaires. Le ministère allemand de la Formation a donc dû lancer un « plan d'action national » pour inciter l'industrie, les commerces et les secteurs des services à offrir 25 000 postes de stages supplémentaires.[185] Pour y parvenir, le ministre Rüttgers a dû faire de sérieuses concessions aux patrons. Jusqu'à présent, les apprentis relevaient tous de la législation sur la protection du travail des jeunes. Celle-ci interdisait notamment de les faire travailler en dehors des heures normales d'école. Désormais c'est terminé, les 70 % d'apprentis qui ont plus de dix-huit ans pourront rester au service de leur entreprise l'après-midi, après les cours. On a également offert aux patrons une plus grande flexibilité dans l'organisation des horaires de stage et le nombre total de journées de travail des stagiaires a augmenté de vingt ou trente jours par an. « Cela va encourager une série d'entreprises, qui ne participaient pas à l'apprentissage, à offrir désormais des places de stages », déclare, satisfaite, l'administration de Jürgen Rüttgers.[186]

En Autriche, l'enseignement en alternance connaît les mêmes difficultés. En mai 1998, le ministère de Madame Elisabeth Gehrer a pris un certain nombre de mesures en vue d'inciter financièrement les entreprises à accepter des stagiaires. Aucune cotisation sociale n'est plus perçue pendant les trois années de stage. La cotisation patronale au fonds des accidents de travail est supprimée pour la première année. Les entreprises bénéficient d'une exemption fiscale de 1 450 euros par élève pendant cette première année. Enfin, « par une déréglementation plus poussée, il faut rendre l'apprentissage plus attrayant. »[187]

Ainsi, même dans les pays les plus à la pointe de l'adéquation école-entreprise, la formation professionnelle va prendre un caractère encore plus dérégulé et encore plus pratique, au détriment évidemment de la formation générale. Car le jeune qui passe davantage d'heures à l'atelier aura moins de temps à consacrer à ses cours théoriques ou généraux. On lui fait d'ailleurs clairement comprendre que l'essentiel n'est pas là...

La Commission européenne soutient explicitement cette évolution. Elle indique par exemple dans le *Livre Blanc sur l'Emploi*, que « la transition du système d'éducation au monde du travail devrait être facilitée par une orientation plus pratique de la formation ».[188] Ou, pour reprendre l'euphémisme d'un communiqué de la DG XXII (la *Direction générale de l'Education et de la Formation*, à la Commission européenne) : « trouver le juste équilibre entre formation théorique et en entreprise ».[189]

Lors d'un discours prononcé à la Conférence de Vienne sur la formation professionnelle, Madame Edith Cresson a déclaré que les réformes menées en Autriche, en particulier sur le système dual, la décentralisation des structures de gestion et le renforcement de la perméabilité du système de formation « ont valeur d'exemples pour la promotion d'une politique européenne d'éducation et formation ».[190] Nous voilà avertis...

Droit d'ingérence patronal dans les programmes

Pour autant, le rapprochement entre école et entreprise ne concerne pas uniquement les stages pratiques des formations professionnelles. Il s'agit tout autant de la définition des programmes enseignés. Et ici, tous les niveaux et types d'enseignement sont visés.

Pour le travailliste britannique Nicholas Tate, chef de la *Qualifications and Curriculum Authority*, « l'entreprise doit nous dire quelles qualités elle recherche chez les jeunes qui poursuivent une formation qualifiante. Avant tout, l'entreprise doit être la voix dominante dans le développement des qualifications professionnelles».[191]

Le partenariat avec les entreprises privées est également avancé par la Commission européenne comme un des moyens de développer des écoles dites «de la seconde chance». En guise de seconde chance, on remplace le droit à l'instruction générale par le droit d'être formé aux seules compétences exigées par les entreprises. Car celles-ci, dit la Commission, «seront notamment associées à la définition du parcours de formation en proposant aux jeunes des parrainages et des perspectives d'embauche».

En Belgique, le groupe Petrofina – dont le patron, François Cornelis, cumule également la présidence du groupe de travail «Education» de la Table Ronde des Industriels européens et la présidence du Conseil d'Administration de l'Université Catholique de Louvain – a mis en place un partenariat avec les écoles primaires de Seneffe, où est implanté son centre de recherche. Seneffe se trouve par ailleurs être le «fief» de Philippe Busquin, ex-président du Parti Socialiste francophone belge...

À l'autre bout de l'échelle éducative, dans l'enseignement supérieur, la Commission européenne suggère de développer également des formules d'apprentissage et de formation en entreprise, afin de permettre aux étudiants d'acquérir par le travail les compétences nécessaires et d'assurer ainsi «une transition en douceur» entre le monde de l'éducation et celui du travail. «Des efforts considérables devraient être consacrés au développement de la formation professionnelle dans des centres spécialisés, comme alternative à l'université. Il faudrait encourager des formations plus courtes mais davantage orientées sur la pratique, à condition que les étudiants continuent de recevoir suffisamment de formation générale pour assurer un degré suffisant d'adaptabilité et afin d'éviter une spécialisation excessive. »[192] La compétence, acquise par la pratique, passe avant tout ; la formation générale est réduite à ce qu'exige la flexibilité de la main-d'œuvre.

Et si les partenariats ne suffisent pas, certains groupes industriels puissants n'hésitent pas à se lancer dans la création de leurs propres instituts de formation supérieure. Le groupe allemand Daimler-Benz annonçait, en août 1998, son intention de fonder sa propre université, afin d'y former lui-même les cadres qui devront gérer le futur consortium Mercedes-Chrysler. « Nous voulons préparer nos managers aux défis du futur, les transformer en un réseau de dirigeants à l'échelle mondiale. »[193]

Le contrôle patronal sur l'enseignement ne s'exerce pas seulement au travers de partenariats locaux. Il faut également, comme le note une communication de la Commission européenne, « développer des actions aidant à l'anticipation des besoins et à l'évolution des profils professionnels ».[194] C'est pourquoi le partenariat prend parfois des formes plus institutionnalisées, où l'on voit par exemple des organisations représentatives du patronat siéger dans les organes qui élaborent les programmes scolaires. Cela n'est pas nouveau, mais la pratique a tendance à s'étendre.

Au Danemark, par exemple, toute la formation professionnelle est organisée en étroite collaboration avec les organisations patronales. De la sorte, explique le ministère danois de l'Education, « les programmes seront en mesure de répondre à tout moment aux demandes du marché ». Les demandes relatives à de nouveaux types de qualifications sont immédiatement enregistrées et sont donc rapidement intégrées dans les programmes. « Le dynamisme du système garantit aux étudiants une formation et une éducation de qualité, utile et *up-to-date.* »[195]

En Belgique, la Communauté française s'est dotée d'une Commission Communautaire des Professions et des Qualifications, où les représentants patronaux (mais aussi les syndicats) définissent des «profils de formation» qui seront ensuite traduits en programmes pour l'enseignement technique et professionnel. Cette initiative et d'autres mesures prises, notamment dans le cadre du Décret sur les missions de l'enseignement obligatoire, ont valu à l'ex-ministre francophone belge de l'Education, Laurette Onkelinx, de chaudes félicitations de la part de la principale fédération professionnelle patronale, le groupement Fabrimetal.[196] Dans la Communauté flamande de Belgique, le Conseil social et économique (SERV), où siègent patronat et syndicats, élabore les profils des différents métiers. Le Conseil flamand de l'enseignement (VLOR) en déduit les profils des programmes. En France, les programmes des baccalauréats professionnels ont été créés en collaboration étroite avec les milieux professionnels. De même, en Espagne, en Irlande, au Luxembourg, en Autriche, en Finlande, au Royaume-Uni et en Islande, le patronat participe désormais directement à l'élaboration des *curricula*.[197]

Etrange dérégulation ! Etrange autonomie, en vérité ! Le système d'enseignement n'aura été «libéré de la bureaucratie ministérielle» que pour mieux se soumettre à une autorité plus forte, plus contraignante encore, l'autorité directe de l'industrie et de la finance.

9.

Un enseignement encore plus inégal

Diversifier et hiérarchiser les formations

Déréglementation et autonomie, relégation des objectifs cognitifs au second plan, marchandisation de l'enseignement, compétition scolaire... Pour ceux qui se soucient de la démocratisation de l'accès aux savoirs, les conséquences dramatiques de la vague dérégulatrice ne font, hélas, guère de doute. Comme le souligne Fred Van Leeuwen, secrétaire général de *l'Internationale de l'Education*: «Si on laisse l'éducation soumise aux forces du marché, l'on va accroître les inégalités.»[198] En effet, dans une société pétrie de hiérarchie sociale, la liberté et le laisser-aller finissent toujours par engendrer l'injustice; la diversité produit l'inégalité.

Les penseurs de Bruxelles et ceux qui les suivent ont-ils omis ce détail ? N'ont-ils pas vu que l'école qu'ils nous préparent est une école qui renforce encore l'inégalité sociale devant l'accès aux savoirs ? Au contraire ! La dualisation croissante de l'école n'est pas un « dommage collatéral » de sa libéralisation. Elle est une partie intégrante et cruciale du processus de rationalisation de l'enseignement. En effet, le temps des discours sur la démocratisation de l'enseignement est bel et bien derrière nous. Désormais les marchés réclament davantage de hiérarchie, davantage d'inégalité.

Pressé par la mondialisation et la crise, par l'accélération générale des mutations technologiques, industrielles et commerciales, le patronat est en quête de flexibilité et de capacité d'adaptation. Enhardi par des taux de chômage élevés, encouragé par la classe politique, il exige de trouver, quand il veut et où il veut, les travailleurs variés et disposant précisément des compétences complexes et multiples que réclament ces mutations. Pas question de leur faire perdre quelques semaines ou quelques jours dans des formations «sur le tas» ou dans des recyclages. Cependant, les compétences ne doivent pas seulement être adéquates et d'un niveau élevé, il faut aussi qu'elles soient diversifiées. On réclame des spécialistes en langues, en informatique, en traitement des eaux, en comptabilité, en soudure... Mais on demande également des informaticiens maîtrisant la comptabilité, des comptables trilingues, des soudeurs sachant manier une souris, des programmeurs ayant une expérience en traitement des eaux et capables d'interpréter une notice en anglais ou en allemand... «Il convient», dit la Table Ronde des Industriels européens, «d'améliorer la richesse et la diversité de la formation et de l'éducation pour fournir aux économies européennes toutes les compétences nécessaires pour une industrie efficiente et compétitive.» [199] Dès lors, la diversification devient un objectif central pour les systèmes éducatifs. Plus question, nous dit-on, de «couler tout le monde dans le même moule». Il faut «encourager la diversité», pousser chacun à trouver «sa voie propre et originale».

Quand les qualifications s'étirent

Après plusieurs décennies d'élévation générale des niveaux de formation requis par le marché du travail, la crise et la dérégulation nous ont fait entrer dans une ère d'étirement des capacités. Les sociétés industrialisées modernes ont beau avoir un grand besoin de main-d'œuvre toujours plus hautement qualifiée, elles n'en multiplient pas moins les emplois marginaux, à bas salaires, à faible protection et ne nécessitant pas de qualification précise. Quelques élites devront accéder aux savoirs et compétences qui feront d'eux les cadres conquérants de l'économie mondialisée. Une poignée de travailleurs hautement qualifiés, spécialistes des technologies les plus modernes, les assisteront dans cette guerre commerciale et industrielle. Les autres actifs constitueront une masse flottante, disposant seulement des compétences générales et techniques de base qui leur permettront d'alterner rapidement les emplois peu qualifiés et les périodes de chômage.

En 1994, en France, 70 % des embauches l'ont été à titre précaire. Au total, les salariés stables ne représentent plus que 55 % de la population active, contre 76 % en 1970. Dans quelques années, les précaires (actuellement 21%) deviendront majoritaires.[200] Seuls 20 % des jeunes entrent dans la vie active par un contrat à durée indéterminée. Tous les autres commencent par le chômage ou un contrat à durée déterminée.[201]

L'école est appelée à refléter cette « dualisation » de la société. Il faut donc, comme le reconnaît le *Groupe de réflexion éducation-formation* de la Commission européenne « s'intéresser davantage aux deux bouts de la chaîne qui sont les plus directement concernés par les évolutions modernes : a) ceux qui seront confrontés dans la compétition internationale (hautes ou plus basses qualifications spécialisées) à leurs homologues des autres régions du monde; b) ceux qui seront exclus de la société cognitive parce qu'ils n'auront pas les moyens de s'y insérer. (...) Un effort particulier doit être fait sur ces deux extrêmes.» [202]

Lorsqu'on manquait de travailleurs diplômés du troisième cycle, on nous tenait le discours de la «démocratisation de l'enseignement». On appelait les jeunes à suivre, nombreux, les voies de l'enseignement général; on offrait aux établissements scolaires les moyens de mettre en place des mécanismes de «remédiation» contre l'échec (alors qu'aujourd'hui on les «invite» à lutter contre l'échec scolaire sans leur en donner les moyens). On nous assurait, à l'époque, qu'il s'agissait non seulement d'élever mais encore d'égaliser progressivement les niveaux d'instruction de toute la population. Aujourd'hui, ce discours-là est bel et bien enterré. On réclame à nouveau tout haut ce qu'on n'a, à vrai dire, jamais cessé de faire: hiérarchiser les formations.

Vers la fin du mois de mars 1998, dans les locaux d'IBM-Deutschland à Stuttgart, le président du Conseil Fédéral du Patronat allemand, Dieter Hundt, s'en est pris à «l'idéologie obsolète et erronée» de l'égalité dans le système éducatif et a réclamé «un changement radical de cap vers un renforcement des performances, de la différenciation et de la concurrence». Signalons qu'à la même occasion, le directeur d'IBM-Deutschland a présenté à la presse le service IBM Global Campus, un assortiment complet de logiciels d'enseignement qui peuvent être vendus sur Internet. [203]

En Allemagne toujours, l'ancien président Roman Herzog estime qu'il est «grand temps d'abandonner le mythe de l'égalité. Il ne s'agit le plus souvent que de fictions.» [204]

Le suisse Hans Konrad Jucker, délégué du Conseil d'administration d'Alusuisse-Lonza Holding SA tient le même propos: «Une interprétation erronée de l'égalité des chances a privé le processus de sélection de sa nécessaire efficacité. Nous devons avoir le courage de nous opposer à cette évolution et de favoriser par tous les moyens la formation d'une élite, même si cela peut paraître non démocratique. »[205]

La fin d'une certaine massification

Le *Groupe de Réflexion éducation-formation* de la Commission européenne a beau prendre mille précautions oratoires pour nous assurer que l'objectif d'offrir un niveau d'enseignement général au plus grand nombre « doit être conservé » (mais non développé), que l'école doit « continuer à jouer son rôle de creuset social », que les enfants de milieux défavorisés doivent suivre la même formation que les autres « lorsque les conditions le permettent ». Mais après ces maigres assurances, on en vient au fait : « Lorsque le résultat est insuffisant, une plus grande souplesse doit être envisagée, soit à partir de méthodes pédagogiques spécifiques, soit à partir de filières spécifiques, soit en reconsidérant la question des redoublements. »[206]

En l'absence de moyens nouveaux et à la lumière de ce que nous avons pu voir plus haut, on peut craindre que les « méthodes pédagogiques spécifiques » se traduisent souvent par un abaissement des objectifs. Les « filières spécifiques », ce sont évidemment les filières professionnelles ou l'enseignement en alternance. Dans son rapport sur l'emploi de 1997, la Commission européenne est d'ailleurs explicite : « pour ceux qui ont des difficultés à suivre l'enseignement de plein exercice, une plus large gamme de possibilités devrait être élaborée dans le domaine de la formation professionnelle, de préférence en y intégrant une expérience de travail. »[207] On voit bien là comment la « diversification » cache en réalité une hiérarchisation. Quant à la proposition de « reconsidérer la question des redoublements », tout porte à croire qu'il s'agira dans les faits d'abaisser encore les objectifs tout en organisant une sélection plus efficace que l'actuelle sélection par l'échec.

Dans les divers pays européens, on peut observer, à de multiples signes, la fin d'une certaine conception de la massification de l'enseignement, l'arrêt du processus d'élévation générale des niveaux d'instruction, au profit d'une plus grande diversification, c'est-à-dire d'un étirement des formations. En 1996, pour la première fois depuis dix ans, le nombre de bacheliers a diminué en France, passant de 63 % à 61 % d'une classe d'âge. [208] Qui plus est, à l'intérieur même du groupe des bacheliers, l'inégalité se renforce. En 1995, 64 % d'entre eux passaient un bac « général ». En 1996 ils n'étaient plus que 55,7 %. Les bacs « professionnels », eux, sont passés de 6,3 à 15,7 %. Les fascistes français du Front National sont en retard d'une guerre quand ils jugent « inutile de vouloir faire accéder au baccalauréat 80 % d'une classe d'âge car, plus le nombre de bacheliers augmente, plus le niveau du bac diminue ». [209] Sous la double pression du développement économique et de la diète budgétaire, leur revendication est d'ores et déjà acquise...

En Allemagne, le gouvernement fédéral a décidé de permettre aux jeunes inscrits dans l'enseignement en alternance (le système « dualiste ») d'opter entre davantage ou moins de cours de formation théorique, créant ainsi une hiérarchie nouvelle au sein même de cet échelon inférieur des formations. [210] L'ancien président fédéral Roman Herzog plaide pour « une différenciation aussi grande que possible, également dans l'offre d'enseignement ». [211]

En Suisse, on assiste à une hausse généralisée des droits d'inscription dans les universités. Entre 1991 et 1995, ceux-ci sont passés de 450 à 1 050 CHF (280 à 650 euros). Le recteur de l'Université de Zurich envisage de faire passer ces frais d'inscription à 3 000, voire 5 000 CHF dans les années qui viennent (1 800 à 3 000 euros). « Il y a encore dix ou quinze ans, notent Philippe Martin et Gian Franco Pordenone, le seul fait d'envisager des montants d'inscription aussi élevés aurait soulevé une vague d'indignation. »[212] Mais aujourd'hui la tendance s'étend même à l'enseignement secondaire. Dans le canton de Vaud, le montant de la taxe d'inscription au gymnase (secondaire supérieur) a doublé (de 720 à 1 440 CHF – de 450 à 900 euros environ) en 1993. Parallèlement, les cantons suisses ont consacré, en 1992, un tiers de moins pour les bourses d'études qu'en 1980.[213]

Et quand un gouvernement ne suit pas assez rapidement le mouvement, il se fait bien vite taper sur les doigts par les instances internationales. Ce fut le cas de la Suède, dont le système éducatif a été vivement critiqué dans un rapport de l'OCDE, pour son « incapacité » à produire une main-d'œuvre hautement qualifiée, « capable de s'adapter aux nouveaux besoins ». L'OCDE visait explicitement « le nombre d'années de scolarité » (jugé trop élevé), « la lenteur de la transition de l'enseignement secondaire à l'enseignement tertiaire » et « la longueur des études du troisième cycle ».[214] Bref, pour l'organisme de contrôle du capitalisme mondial, la Suède offre trop d'école à tous, et ne soigne pas assez les élites de la nation.

Davantage de sélection

Car diversification rime avec sélection et orientation. Alors que, pendant trois décennies, la tendance dominante avait été de retarder l'âge du «choix», de reporter le moment de l'orientation vers une filière ou une spécialisation et d'inciter les jeunes à poursuivre dans l'enseignement général, cette tendance semble s'inverser aujourd'hui. Le *Livre Blanc européen sur la Croissance, la Compétitivité et l'Emploi* estime ainsi que «l'éducation pourrait être rationalisée en offrant une période plus courte d'enseignement général, mieux adaptée aux besoins du marché de l'emploi, et en favorisant l'enseignement professionnel comme alternative à l'université.»[215] Dans le *Nouveau Contrat pour l'école* proposé par Claude Allègre, «la préparation de l'orientation devient une mission à part entière de l'école» et sa collègue belge Laurette Onkelinx invite les instituteurs à se pencher dès l'école primaire sur l'orientation future de leurs élèves.[216] Au Québec, la ministre Pauline Marois propose de «permettre d'accéder plus tôt à la formation professionnelle».[217]

Le renforcement de la sélection peut d'ailleurs très bien se cacher derrière ce qui pourrait, à première vue, sembler être son contraire: un certain laxisme, prétendument motivé par la «lutte contre l'échec scolaire». Ainsi la Communauté française de Belgique a-t-elle décidé d'interdire les redoublements au terme de la première année de l'enseignement secondaire. Résultat? En fin de seconde (la deuxième année commune de l'enseignement secondaire, fréquentée normalement par les jeunes de 13 ans), les élèves qui avaient déjà des difficultés en première se retrouvent totalement «dépassés». Beaucoup subissent alors une réorientation sans appel vers les filières techniques ou professionnelles et ceux qui continuent dans l'enseignement général n'ont souvent pas acquis les bases nécessaires pour suivre cet enseignement avec fruit. En France, la pression sur les enseignants, afin qu'ils « ferment les yeux » sur les lacunes des élèves et les « laissent passer » malgré tout, s'inscrit dans la même logique.

En annonçant, en mai 1999, le plan « nouvelles chances » destiné à assurer la prise en charge des élèves « en grande difficulté », Ségolène Royal et Claude Allègre ont admirablement illustré comment leur conception de la « lutte contre l'échec scolaire » se traduit, dans les faits, pour les enfants du peuple, par un abaissement du niveau et une sélection renforcée vers les filières qualifiantes. On aurait pu imaginer qu'un tel plan prévoirait des moyens supplémentaires pour éviter que des jeunes n'en arrivent à décrocher. Pas du tout. Les deux compères proposaient au contraire « une foultitude de microréalisations à la marge du système ». L'essentiel étant le «repérage de ces jeunes en rupture [afin de] favoriser leur insertion dans des formations qualifiantes en liaison avec les lycées professionnels et les entreprises ». Au passage, Allègre et Royal décidèrent « d'assouplir les conditions d'obtention du CAP », prévoyant des « itinéraires sur mesure ». Pour financer l'opération, ils ont fait appel à Vivendi et EDF...[218]

Le renforcement de la sélection s'opère également aux échelons supérieurs. Fréquemment, des porte-parole patronaux s'inquiètent du nombre trop élevé d'universitaires, surtout dans les branches où ils recrutent peu. Le coût budgétaire de l'enseignement supérieur et ses implications fiscales leur semblent excessifs en ces temps de crise économique. Ce propos est aujourd'hui largement relayé par le monde politique. « Est-il logique », s'interroge Roger Fauroux « que 50 % des étudiants fassent des études de Lettres ou de Droit dans un pays industriel, matières nobles certes mais de faible valeur marchande, et qu'ils prolongent leurs études bien au-delà de la moyenne européenne, tandis que leurs difficultés face au travail sont accrues d'autant ? »[219] En Allemagne, où le baccalauréat confère un droit d'inscription automatique à l'université (sauf dans quelques disciplines surchargées), le gouvernement a proposé de permettre aux universités de choisir leurs étudiants sur dossier. La Fédération universitaire s'est prononcée en faveur de cette proposition.[220] En Belgique, l'introduction d'un « *numerus clausus* » (nombre limité d'étudiants) à l'entrée de l'université est à l'ordre du jour pour certaines facultés.

Moins d'école !

C'est bien là le grand paradoxe. À l'ère, tant de fois clamée, de la « société cognitive » et de « l'apprentissage à vie », des voix puissantes s'élèvent, chaque jour plus nombreuses, pour demander que les enfants – pas *leurs* enfants, mais la *masse* des enfants – aillent moins à l'école et qu'ils y apprennent moins de choses ! Les patrons de la Table Ronde, par exemple, estiment que « dans certains cas, il se peut que la durée de l'éducation avant le début de la vie professionnelle soit trop longue ».[221]

En Belgique, la querelle autour de la durée de la scolarité obligatoire est ranimée à intervalle régulier. Beaucoup d'hommes politiques et de représentants des sphères économiques regrettent aujourd'hui la décision prise au milieu des années 1980, qui oblige tous les jeunes à fréquenter l'école jusqu'à dix-huit ans.

En Allemagne, ce débat fait également rage. En 1996, les présidents-ministres du Bade-Wurtemberg et de Thuringe, Teufel et Vogel, ainsi que le maire de Berlin, Diepgen, se sont prononcés en faveur du baccalauréat en douze ans au lieu de treize. Ils n'ont pas caché leur motivation profonde: en supprimant la treizième année de scolarité, l'Etat pourrait économiser 1,2 milliard de DM (610 millions d'euros). Cette franchise excessive leur a valu les foudres du ministre social-démocrate de l'éducation de Rhénanie du Nord et de Hans Zehetmair, le ministre de l'éducation bavarois. « Nous ne mettrons pas en péril la qualité de l'éducation pour des raisons financières à court terme »[222] ont-ils déclaré. Soit, mais pour des motifs économiques, stratégiques et à long terme ? L'avenir nous le dira...

Aux yeux de la plupart des milieux dirigeants de l'Europe, il faut limiter le « tronc commun » à un enseignement de base. Il s'agit d'apporter à tous les enfants les compétences élémentaires qui assureront leur capacité à poursuivre dans l'une ou l'autre orientation d'étude ou à occuper directement les emplois les moins qualifiés sur le marché du travail. Dans cet enseignement de base, plus que partout ailleurs, l'acquisition de connaissances cèdera la place aux seules compétences « instrumentales ». Les premières de ces compétences qui confèrent flexibilité et adaptabilité sont le calcul et la compréhension à la lecture. Pour Donald Johnston, secrétaire général de l'OCDE, cette « éducation précoce procure des avantages durables non seulement parce qu'elle diminue les dépenses ultérieures de remise à niveau des adultes, mais aussi parce qu'elle dote les enfants d'outils d'apprentissage qui seront utiles pour eux-mêmes et la société jusqu'à la fin de leur existence. Les précédentes générations considéraient qu'il était important de savoir lire, écrire et compter. Elles avaient raison: ces aptitudes sont essentielles pour acquérir des connaissances à tout âge. »[223]

Au calcul et à la lecture, on ajoute désormais l'initiation aux interfaces informatisées, c'est-à-dire l'habitude de travailler dans le cadre des nouvelles technologies de l'information et des communications.. On ne s'étonnera donc pas si la rénovation de l'enseignement des plus « défavorisés » passe aussi par l'introduction des ordinateurs, du multimédia et des NTIC dans les écoles.

Alors que les rares tentatives d'utilisation massive de l'informatique dans l'enseignement sont loin d'être convaincantes, Edith Cresson n'hésite pas à recourir à l'argument pédagogique : « Les jeunes des milieux défavorisés sont, encore plus que les autres, les enfants de la société de l'information, du monde de l'image et de l'écran. Ils sont également proches d'une culture pratique sur laquelle il faut s'appuyer, de préférence à la culture de l'abstraction. (...) Les actions déjà conduites en ce sens ont montré que le dépaysement, la découverte d'un environnement social et culturel différent, le recours à de nouvelles technologies, comme l'ordinateur, contribuaient à la resocialisation des jeunes. »[224]

Tous les pays européens suivent le mouvement. En France, le ministère de l'Education nationale, de la Recherche et de la Technologie a décidé d'apporter, en matière d'informatisation, une attention particulière aux établissements situés en zone d'éducation prioritaire. Ici aussi, le pédagogique sert de prétexte : « Les produits multimédias peuvent toucher des élèves "fâchés" avec certaines voies traditionnelles d'accès au savoir, en offrant de nouveaux modes d'apprentissage. »[225]

À terme, cette école de base au rabais, où les NTIC auront largement détrôné le maître, sera sans doute le dernier domaine réservé à l'Etat. Les pouvoirs publics, dit en effet l'OCDE, n'auront plus qu'à « assurer l'accès à l'apprentissage de ceux qui ne constitueront jamais un marché rentable et dont l'exclusion de la société en général s'accentuera à mesure que d'autres vont continuer de progresser ».[226] Rare moment de lucidité ou comble du cynisme ?

Le retour de la théorie des «dons»

C'est au terme de cette formation de base qu'interviendra une sélection renforcée. Pour la faire accepter, on fait largement appel à l'argument de la lutte contre l'échec scolaire. Dans un rapport de 1997, l'OCDE souligne que les jeunes qui ne terminent pas leurs études secondaires de deuxième cycle courent le plus grand risque de se retrouver au chômage, ce qui est assez trivial. Mais l'organisation internationale ajoute de façon plus suggestive: «c'est le cas en particulier dans les pays qui privilégient l'enseignement général au niveau du secondaire.» [227] La France et la Belgique sont ainsi singulièrement montrées du doigt. Cette accusation repose sur un double mensonge. D'abord, on suppose qu'en permettant à tous ces jeunes-là d'obtenir un diplôme de l'enseignement secondaire, fût-il professionnel, on leur permettrait de trouver plus facilement un emploi. Nous avons vu plus haut ce que valait cette thèse. Mais on sous-entend également que le pourcentage élevé de jeunes quittant l'école secondaire sans diplôme serait lié au fait qu'on «privilégie l'enseignement général», c'est-à-dire qu'on y maintiendrait des jeunes qui n'y sont «pas à leur place». On laisse donc entendre que certains jeunes seraient «faits pour» les cours généraux et les matières abstraites, alors que d'autres auraient une organisation cérébrale ou un bagage génétique qui les porteraient davantage sur les métiers manuels. C'est le retour de la vieille idéologie des dons et des capacités, qui attribue les différences de résultats scolaires aux «capacités» des jeunes, en niant le rôle des facteurs sociaux et leur amplification par le fonctionnement de l'école même.

La loi d'orientation française de 1989 mentionne ainsi que «les élèves élaborent leur projet d'orientation en fonction de leurs aspirations et de leurs capacités». Et dans le décret de 1990, on lit : « L'orientation est le résultat d'un processus continu d'élaboration de son projet que l'élève mène au collège puis au lycée. Nul ne peut décider à sa place ». Ce qui revient à laisser décider le milieu social, c'est-à-dire à perpétuer, voire renforcer les mécanismes de la reproduction. La Charte-Lycées publiée par Claude Allègre en mars 1999 continue d'affirmer que l'orientation se ferait en fonction des « aptitudes » et des « inclinations » de l'élève, niant ainsi les déterminants sociaux.[228]

Le ministre travailliste David Blunkett est plus explicite encore. Dans son rapport *Excellence in school*, il estime que : « Nos écoles secondaires devraient développer et reconnaître un large éventail de réussites [...] Le défi, pour les écoles, est de faire en sorte que tous les enfants, quels que soient leurs talents, puissent développer leurs aptitudes diverses. Nous croyons à la "diversité au sein d'un même campus", en adaptant les méthodes et l'organisation de l'école à la force de chaque enfant. »[229] La formation commune pour tous, à la base de l'esprit des *comprehensive schools*, est virtuellement abandonnée, au profit d'une « diversification » (entendez : hiérarchisation) basée sur les « talents » (ce qui, en pratique, se traduira naturellement par « origine sociale »). Blunkett regrette que « la recherche d'égalité des chances s'est parfois transformée en une tendance à l'uniformité. L'idée que tous les enfants ont les mêmes droits de développer leurs aptitudes a trop rapidement conduit à la doctrine que tous ont les mêmes aptitudes. » Les aptitudes de départ étant différentes, il est normal que l'école soit inégale et hiérarchisante. Nous voilà revenus cent ans en arrière.

En Allemagne, le parti d'Helmut Kohl (CDU) estime qu'il faut « davantage de différenciation dans le système d'enseignement et donc plus de possibilités d'épanouissement pour les plus forts et les plus faibles ».[230] Et de critiquer les autorités locales de certains *Länder* qui s'accrochent à une «politique d'éducation basée sur l'idéologie obsolète de l'égalitarisme: un niveau moyen pour tout le monde. Il est temps que cela cesse».

Faire accepter la hiérarchie des filières

L'un des enjeux de la sélection est d'orienter suffisamment de jeunes vers les filières professionnelles et techniques. Non pas qu'on soit réellement en manque, mais le patronat cherche à agrandir le vaste réservoir de compétences professionnelles où il n'aura qu'à puiser une main-d'œuvre «à jeter après usage» et dont le volume permettra d'exercer une pression constante sur les salaires et les conditions de travail.

Cette orientation vers l'enseignement technique et professionnel est accompagnée et soutenue par l'assurance faite aux jeunes qu'il leur ouvrira la porte de l'emploi ainsi que par la promesse de «revaloriser» cet enseignement. «Le lycée, dit Claude Allègre, comporte trois voies distinctes, d'égale dignité.»[231] En effet, un discours d'apparence progressiste, largement répandu dans les sphères dirigeantes, se plaît à souligner la valeur du travail manuel, tout le profit qu'on peut tirer d'un bon métier et le fait qu'il n'y a pas de honte à fréquenter l'enseignement professionnel. Mais on se garde bien de s'attaquer à la base matérielle de cette «honte»: le niveau de revenus et les conditions de vie et de travail de ceux qui ont reçu une formation qualifiante. Au contraire: plus la «revalorisation» en paroles attirera de jeunes vers ces filières, plus la concurrence entre eux poussera à la dévalorisation de leur diplôme.

La «revalorisation de l'enseignement professionnel» est, à bien des égards, un discours qui rappelle l'idéologie fasciste et la doctrine sociale de l'Eglise catholique. Il s'agit d'apprendre à accepter son sort, à se contenter de la place qui est la sienne dans la société, à intégrer l'orientation vers une section technique ou professionnelle comme une décision positive. On va répétant que « toutes les filières se valent », on nie leur hiérarchie, mais on ne cherche à vrai dire qu'à la faire oublier. Le discours dominant se trouve ainsi, en tous points, en accord avec la doctrine des lepénistes : « Grâce à la diversité des filières et des niveaux d'enseignement », dit le FN, « chaque élève, correctement orienté par la sélection, sortira de l'école avec une profession et un rôle à jouer dans la société. Car, si les talents sont inégaux, ils sont divers et tel élève qui ne brillera pas dans les matières intellectuelles pourra exceller dans les métiers manuels et inversement. C'est pourquoi il est indispensable de revaloriser l'enseignement professionnel et l'apprentissage afin qu'ils retrouvent une place à part entière dans notre système d'instruction publique. »[232]

« Revaloriser » la filière professionnelle

Il y a pourtant une part de sincérité dans l'affirmation d'une nécessaire « revalorisation de l'enseignement professionnel ». Les milieux économiques et les dirigeants européens estiment en effet que c'est dans ce type d'enseignement-là que l'adéquation école-entreprise est la plus problématique. C'est là qu'il faut porter les efforts d'une réforme de l'enseignement. « Le problème de l'adéquation des compétences concerne avant tout les niveaux de formation inférieurs et intermédiaires »[233], dit la Commission européenne.

« Revalorisation » signifie alors : mieux adapter aux attentes des employeurs. Ce qui ne va pas sans quelques contradictions, car ces attentes sont très variables selon le type d'entreprises. Selon Christian Maroy, chercheur à l'Institut des Sciences du Travail de l'Université Catholique de Louvain, certaines grandes entreprises demandent surtout de fournir des élèves dotés de capacités générales, qu'elles se chargent après coup de spécialiser par elles-mêmes, une fois intégrés dans l'entreprise ; à l'inverse, de plus petites entreprises demandent une formation très spécialisée.[234] La Table Ronde des Industriels européens (ERT) se fait évidemment surtout l'écho des plus grandes entreprises. C'est pourquoi elle réclame avant tout qu'on apporte aux jeunes les compétences générales qui garantissent leur flexibilité, leur capacité d'adaptation rapide à l'environnement de l'entreprise. À cette fin, « il est indispensable que les jeunes acquièrent au moins une année d'expérience pratique en entreprise », dit l'ERT.[235] Ces stages leur permettront également d'intégrer l'esprit d'entreprise et les « savoir-être » qui font les bons travailleurs. « La modification des attitudes et le renforcement de la motivation impliquent qu'on prenne davantage conscience du fait que l'individu a l'obligation de faire preuve de souplesse. »[236]

À la demande du Conseil européen de Florence, la Commission européenne a adopté, sur initiative d'Edith Cresson et de Padraig Flynn, commissaire à l'emploi et aux affaires sociales, une communication qui formule cinq recommandations pour promouvoir ce type de formation dans l'Union européenne : « étendre et développer l'apprentissage; améliorer la qualité de la formation ; encourager la mobilité des apprentis ; associer les partenaires sociaux à l'apprentissage ; définir et mettre en œuvre de véritables stratégies européennes d'apprentissage ». Même son de cloche, bien entendu, du côté des industriels de la Table Ronde. Eux aussi estiment qu'il faut « renforcer la formation professionnelle dans le cadre de l'apprentissage en alternance». [237]

La Belgique a d'ores et déjà institutionnalisé, dans les deux Communautés linguistiques, des systèmes d'apprentissage en alternance sur le modèle allemand. Une façon comme une autre d'envoyer des jeunes vers l'apprentissage, tout en leur donnant l'illusion d'être encore à l'école. La Grande-Bretagne suit le mouvement. Même la Norvège a introduit, en 1994, des réformes qui autorisent les élèves à entrer en apprentissage tout en poursuivant leurs études secondaires du deuxième cycle. Ces réformes ont entraîné une augmentation du nombre des apprentis, ce qui a particulièrement réjoui l'OCDE. [238]

Parallèlement au renforcement des heures de stage ou à l'introduction de formules d'alternance école-travail, on «rénove» les programmes de l'enseignement technique et professionnel. La *Note d'orientation sur la réforme de l'Enseignement secondaire technique et professionnel* en Communauté française de Belgique envisage «un renforcement de la formation théorique (générale et technique de base), en veillant toutefois à lui donner un caractère orienté au travers d'applications en rapport avec l'activité professionnelle suivie. Il s'agit donc de centrer les différentes disciplines sur la pratique professionnelle et les cours techniques intégrés à celle-ci.» [239] Cela revient à confiner encore davantage la formation de ces jeunes dans les limites étroites de leur spécialisation et, ce faisant, à entretenir les inégalités de classes face aux savoirs. Or, en fin de compte, c'est là le seul enjeu réel de tout le débat.

Notes

Introduction

1. Cité par K. De Clerck, *Momenten uit de geschiedenis van het Belgisch onderwijs*, De Sikkel, Antwerpen, 1975.
2. Cité par Edwy Pénel dans *Le Monde* du 14 septembre 1980.
3. *L'insertion professionnelle des jeunes lycéens*, Note d' information ministère de l'Education nationale, de la Recherche et de la Technologie, 18 juin 1998, ISSN 1286- 9392, situation au 1er février 1997.
4. Commission européenne, *Les objectifs concrets futurs des systèmes d'éducation*, Rapport de la Commission, COM(2001) 59 final, Bruxelles, le 31.01.2001
5. Samuel Johsua, *L'école entre crise et refondation*, éd. La Dispute, 1999.

1. À la charnière de deux époques

1. *INSEE-Première*, n°488, septembre 1996.
2. Anne Van Haecht, *L'enseignement rénové, de l'origine à l'éclipse*, éditions de l'ULB, Bruxelles 1985.
3. *INSEE-Première*, n° 469, juillet 1996.
4. Barbara Tan, *Blijvende sociale ongelijkheden in het Vlaamse onderwijs*, CSB-Berichten, Antwerpen, mai 1998.
5. ERT, *Education et compétence en Europe*, Bruxelles, février 1989.
6. ERT, *Une éducation européenne. Vers une société qui apprend*, Bruxelles, juin 1995.
7. *Pour une Europe de la connaissance*, Communication de la Commission européenne, COM(97)563 final.
8. Discours de clôture de Claude Allègre, Colloque « Lycées », Lyon, 29 avril 1998.
9. OCDE, *Analyse des politiques d'éducation*, Paris 1998.
10. *Le Monde Diplomatique*, 1er janvier 1995.
11. Commission européenne, *Rapport du Groupe de Réflexion sur l'Education et la Formation « Accomplir l'Europe par l'Education et la Formation »*, Résumé et recommandations, décembre 1996.
12. Donald J. Johnston, « L'apprentissage à vie pour tous », *L'Observateur* n° 214, octobre-novembre 1998.

2. Tous compétitifs

13. Jurgen Rüttgers, *Neue Ausbildungberufe schaffen neue Ausbildungsplätze*, Communiqué BMBF, Bonn, 6 janvier 1998.
14. *Rapport du Groupe de Réflexion sur l'Education et la Formation, op.cit.*
15. *Idem.*
16. *Idem.*
17. Discours d'Edith Cresson, *Putting our knowledge to work: a second chance for young people*, Harrogate, 5 mars 1998.
18. *L'insertion professionnelle des jeunes lycéens*, Note d'information ministère de l'Education nationale, de la Recherche et de la Technologie, 18 juin 1998, ISSN 1286-9392, situation au 1er février 1997.
19. *Lebenslanges Lernen: so wichtig wie das tägliche Brot*, Communiqué BMBF, 9 juillet 1997.
20. *Rapport sur l'emploi 1997, Un ordre du jour pour l'emploi à l'horizon 2000: enjeux et politiques*, Commission européenne, 1997.
21. OCDE, *Politiques du marché du travail: nouveaux défis. Apprendre à tout âge pour rester employable durant toute la vie*, réunion du comité de l'emploi, du travail et des affaires sociales, au niveau ministériel, Château de la Muette, Paris, 14 et 15 octobre 1997, ocde/gd(97).
22. ERT, *Une éducation européenne, Vers une société qui apprend*, Bruxelles, juin 1995.
23. *INSEE-Première*, n°530, juin 1997.
24. *Les Echos* n°17587, 17 février 1998.
25. *L'Echo*, Bruxelles, 29 août 1997.

3. Compétences requises

26. *Note d'orientation sur la réforme de l'Enseignement secondaire technique et professionnel*, Communauté française de Belgique, 1998.
27. Richard Hatcher, *Profiting from schools: business and Education Action Zones*, in *Education and social justice*, Vol. 1, n°1, automne 1998.
28. *Rapport du Groupe de Réflexion sur l'Education et la Formation, op. cit.*
29. *Dix années de réformes au niveau de l'enseignement obligatoire dans l'union européenne (1984-1994)*, Eurydice.
30. Discours de clôture de Claude Allègre, Colloque « Lycées », Lyon, 29 avril 1998.
31. *Pour une Europe de la connaissance*, Communication de la Commission européenne, COM(97)563 final.
32. *Idem.*
33. *White Paper on growth, competitiveness, and employment – The challenges and ways forward into the 21st century*, Commission européenne, Bruxelles, 5 décembre 1993.

34. *Pour une Europe de la connaissance*, op. cit.
35. OCDE, *Analyse des politiques d'éducation*, 1998.
36. *Proposition de décision du Conseil, établissant la deuxième phase du programme d'action communautaire en matière de formation professionnelle Leonardo da Vinci*, Commission européenne, 1998.
37. Luc Van den Bossche, *Onderwijs ontgrendelt de toekomst*, De Standaard, 23 mai 1998.
38. *Die gesellschaftliche Entwicklung – Deregulierung und Eigenverantwortung, Berufsausbildung und Jugendbeschäftigung*, Discours d'Elisabeth Gehrer devant le *Nationalrat zum Nationalen Aktionsplan*, 12 mai 1998.
39. *Zukunftsprogramm. Vorlage des CDU-Bundesvorstandes an den 10 Parteitag der CDU Deutschlands vom 17-19 Mai 1998 in Bremen.*
40. *Note d'orientation sur la réforme de l'Enseignement secondaire technique et professionnel*, Communauté française de Belgique, 1998.
41. *L'apprentissage de la citoyenneté active*, Commission européenne, 18 novembre 1998.
42. OCDE, *Analyse des politiques d'éducation*, 1998.
43. *Idem.*
44. *Multimedia möglich machen – Die Informationsgesellschaft*, site internet du BMBF, 1998.
45. *L'innovation dans l'enseignement*, bulletin d'information, 1998/2.
46. E. Cresson, R. Bangemann, *Apprendre dans la société de l'information, Plan d'action pour une initiative européenne dans l'éducation (1996-98)*, Communication au Parlement européen et au Conseil, au Comité Economique et Social et au Comité des Régions.
47. J. Rüttgers, *Deutschland bei Voraussetzungen für Informationsgesellschaft weltweit führend*, Communiqué BMBF, Bonn, 27 août 1996.
48. *Construire les autoroutes de l'Information pour repenser l'Europe, Un message des utilisateurs industriels*, ERT, juin 1994.
49. *European Cooperation on School Education. Promoting the use of information and communication technologies in the field of school education*, Commission européenne, 18 novembre 1998.
50. *Dix années de réformes au niveau de l'enseignement obligatoire dans l'union européenne, op. cit.*
51. OCDE, *Analyse des politiques d'éducation*, 1998.
52. *Multimedia möglich machen – Die Informationsgesellschaft*, site internet du BMBF, 1998.
53. J. Rüttgers, *Lebenslanges Lernen, so wichtig wie das tägliche Brot*, Communiqué BMBF, 9 juillet 1997.
54. L. Onkelinx, *Quarante propositions pour l'enseignement obligatoire. A la rencontre du désirable et du possible*, Communauté française de Belgique, mars 1996.
55. *National Targets for Education and Training*, site Internet du ministère britannique de l'Education, février 1996.

56. ERT, *Une éducation européenne, Vers une société qui apprend*, Bruxelles 1995.
57. *Onderwijs in de kering – VEV-voorstellen en actieprogramma*, Bruxelles, septembre 1997.
58. *Enseigner et apprendre; vers la société cognitive. Livre blanc sur l'éducation et la formation*, Commission des Communautés européennes, Bruxelles, 29 novembre 1995.
59. OCDE, *Politiques du marché du travail: nouveaux défis. Apprendre à tout âge pour rester employable durant toute la vie.* Réunion du Comité de l'emploi, du travail et des affaires sociales au Château de la Muette, Paris, 14-15 octobre 1997, OCDE/GD(97)162.
60. *Forum-actualités*, décembre 1995, 1er décembre 1995.

4. Employable à vie

61. *L'éducation, un trésor est caché dedans*, rapport à l'UNESCO de la Commission internationale sur l'éducation pour le 21e siècle, présidée par Jacques Delors, éditions Odile Jacob, 1996.
62. E. Dugué, *Métier, qualification, compétences: définitions et enjeux*, Cahiers du Travail Social, n°32, septembre 1996.
63. E. Dugué, *La gestion des compétences: savoirs dévalués, pouvoir occulté*, Sociologie du Travail n°3/94.
64. *Enseigner et apprendre; vers la société cognitive, op. cit.*
65. *Nationaler Aktionsplan für mehr Lehrstellen*, BMBF, 1998.
66. Claude Allègre, *Un lycée pour le XXIe siècle*, 4 mars 1999.
67. *Enseigner et apprendre; vers la société cognitive, op. cit.*
68. *L'éducation, un trésor est caché dedans, op. cit.*
69. ERT, *Investir dans la Connaissance, L'intégration de la technologie dans l'éducation européenne*, Bruxelles 1997.
70. OCDE, *L'investissement dans le capital humain, Une comparaison internationale*, Paris 1998.
71. J. Rüttgers, *Lebenslanges Lernen – so wichtig wie das tägliche Brot*, Communiqué BMBF, 9 juillet 1997.
72. *L'éducation, un trésor est caché dedans, op. cit.*
73. *Politiques du marché du travail: nouveaux défis. Apprendre à tout âge pour rester employable durant toute la vie, op. cit.*
74. *Note d'orientation sur la réforme de l'Enseignement secondaire technique et professionnel*, Communauté française de Belgique, 1998.
75. Discours de clôture de Claude Allègre, Colloque « Lycées », Lyon, 29 avril 1998.

5. Menaces sur l'école publique

76. *Le Monde*, 25 juin 1997.
77. ERT, *Les marchés du travail en Europe Les perspectives de création d'emplois dans la deuxième moitié des années 90*, Bruxelles 1993.
78. OCDE, *Analyse des politiques d'éducation*, 1998.
79. *Rapport du Groupe de Réflexion sur l'Education et la Formation, op. cit.*
80. Exposé de Roger Fauroux, Déjeuner-débat du 19 février 1997, Notes d'Henri Douard, non revues par le conférencier (www.geoscopie.com).
81. Discours de clôture de Claude Allègre, Colloque « Lycées », Lyon, 29 avril 1998.
82. Bruno Mégret, *L'Alternative nationale, Les priorités du Front national.*
83. *Le Monde*, mercredi 4 novembre 1998.
84. *Principles and Issues in Education*, site internet du ministère britannique de l'Education, 1997.
85. *L'école dans l'Europe de Maastricht*, Actes de la 3e journée d'étude de l'Aped, Bruxelles 1997.
86. J. Rüttgers, *Deutschland muß im Wettbewerb der Köpfe aufschließen*, Communiqué BMBF, Bonn, 17 septembre 1996.
87. Schaumann, *Bildung und Qualifikation sind Schlüssel für Wettbewerbsfähigkeit*, BMBF, Berlin/Bonn, 8 avril 1997.
88. Bonn, 9.03.1999, Hochschulen sollen modernisiert und reformiert werden. Bulmahn : « Chance des Generationenwechsels muß genutzt werden ».
89. Programme SPD pour les élections de 1998.
90. *Dix années de réformes au niveau de l'enseignement obligatoire dans l'union européenne (1984-1994), op. cit.*
91. *L'éducation, un trésor est caché dedans, op. cit.*
92. *Dix années de réformes au niveau de l'enseignement obligatoire dans l'union européenne (1984-1994), op. cit.*
93. Exposé de Roger Fauroux, Déjeuner-débat du 19 février 1997, notes d'Henri Douard, non revues par le conférencier (www.geoscopie.com).
94. Bulletin de la KredietBank, n° 11, 25 mars 1994.
95. *Rapport du Groupe de Réflexion sur l'Education et la Formation, op. cit.*
96. *La Libre Belgique*, 15 avril 1997.
97. *L'Alternative nationale*, op. cit.
98. *Courrier International*, n° 427, 7-13 janvier 1999.
99. *Enseignement, évaluation, salaire au mérite. Schwytz : un cas exemplaire*, SSP section Vaud-Etat, Octobre 1993.
100. Roman Herzog, discours prononcé lors du *Berliner Bildungsforum au Schauspielhaus am Gendarmenmarkt*, 5 novembre 1997.
101. *Quarante propositions pour l'enseignement obligatoire, op. cit.*
102. *L'éducation, un trésor est caché dedans, op. cit.*

103. Schaumann, *Bildung und Qualifikation sind Schlüssel für Wettbewerbsfähigkeit*, BMBF, Berlin/Bonn, 8 avril 1997.
104. *L'éducation, un trésor est caché dedans, op. cit.*

6. Déréguler pour coller au marché

105. ERT, *Les marchés du travail en Europe. Les perspectives de création d'emplois dans la deuxième moitié des années 90*, Bruxelles 1993.
106. *White Paper on growth, competitiveness, and employment – The challenges and ways forward into the 21st century*, Commission européenne, Bruxelles, 5 décembre 1993.
107. *Idem.*
108. Luc Van den Bossche, *Onderwijs ontgrendelt de toekomst, De Standaard*, 23 mai 1998.
109. *Rapport du Groupe de Réflexion sur l'Education et la Formation, op. cit.*
110. *Enseigner et apprendre ; vers la société cognitive, op. cit.*
111. *L'Alternative nationale, op. cit.*
112. *L'éducation, un trésor est caché dedans, op. cit.*
113. OIT, *Rapport sur l'emploi dans le monde 1998-99*, dossier de presse, 1998.
114. *Idem.*
115. *Enseigner et apprendre; vers la société cognitive, op. cit.*
116. David Blunkett, *Excellence in school*, Londres, juillet 1997.
117. *Idem.*
118. *Le Monde*, 1er avril 1999.
119. Discours de Roman Herzog au Berliner Bildungs-forum, op. cit.
120. OCDE, *Analyse des politiques d'éducation*, 1998.
121. E. Dugué. *Métier, qualification, compétences: définitions et enjeux, op. cit.*
122. J. Rüttgers, *Lebenslanges Lernen –so wichtig wie das tägliche Brot*, Communiqué BMBF, 9 juillet 1997.
123. *Enseigner et apprendre; vers la société cognitive, op. cit.*
124. *Comment valider les compétences dans une société de la connaissance ?*, Intervention de Madame Edith Cresson à la conférence de Marseille, 2 février 1998.
125. *Idem.*
126. *Enseigner et apprendre; vers la société cognitive, op. cit.*
127. Edith Cresson, I*ntervention à la Conférence de lancement du programme européen Leonardo da Vinci sur la formation professionnelle*, Tours, 3 mars 1995, SPEECH/95/21 (Ra-pid).
128. *Construire les autoroutes de l'information..., op. cit.*

7. L'école «marchandisée»

129. *Les Echos* n°17563, 14 janvier 1998.
130. *Idem.*
131. *Idem.*
132. *Idem.*
133. *Idem.*
134. *Le Monde*, 13 septembre 1998.
135. *Les Echos* n° 17563, 14 janvier 1998.
136. OCDE, *Regards sur l'éducation*, 1997.
137. Daniel Vander Gucht, *Les investissements éducatifs des familles en Communauté française*, ULB, Institut de Sociologie, mars 1997.
138. *Les Echos* n° 17563, 14 janvier 1998.
139. J. Rüttgers, *Deutschland muß im Wettbewerb der Köpfe aufschließen*, Communiqué BMBF, Bonn, 17 septembre 1996.
140. Richard Hatcher, *Profiting from schools: business and Education Action Zones*, in *Education and social justice*, Vol. 1, n° 1, automne 1998.
141. *Idem.*
142. ERT, *Investing in Knowledge, The Integration of Technology in European Education*, Bruxelles 1997.
143. *Le Revenu Français, Hebdo* n° 324, 2 décembre 1994.
144. *Les Echos* n° 17563, 15 janvier 1998.
145. *Le Monde Diplomatique*, avril 1998.
146. *L'Echo*, Bruxelles, 7 mars 1998.
147. *Prospect*, mensuel du BMBF, janvier 1998.
148. Edith Cresson, intervention à la conférence *Vers un réseau électronique européen des écoles*, Bruxelles, 17 décembre 1996.
149. *Idem.*
150. *Les Echos* n°17563, 15 janvier 1998.
151. *Idem.*
152. *Pour une Europe de la connaissance*, Communication de la Commission, COM(97)563 final.
153. Edith Cresson, *Pour un partenariat privé et public au service de l'éducation*, intervention à la conférence «Apprendre autrement», Cannes, 26 septembre 1997.
154. Edith Cresson, Intervention sur le programme SOCRATES, Bruxelles, 9 novembre 1995, Ref: SPEECH/95/238.
155. *Les Echos* n° 17563, 15 janvier 1998.
156. *Idem.*
157. *Le Monde Diplomatique*, avril 1998.
158. *Les Echos* n°17563, 15 janvier 1998.

159. *L'Educateur*, 6 mai 1999.
160. Edith Cresson, *Intervention à la Conférence de lancement du programme européen Leonardo da Vinci sur la formation professionnelle*, Tours, 3 mars 1995, SPEECH/95/21 (Ra-pid).
161. *Idem.*
162. *Apprendre dans la société de l'information, Plan d'action pour une initiative européenne dans l'éducation (1996-98), op. cit.*
163. *Rapport du Groupe de Reflexion sur l'Education et la Formation, op. cit.*
164. *Programme d'action gouvernemental: Préparer l'entrée de la France dans la société de l'information*, Paris 1998.
165. *Libération*, 25 août 1998.
166. *Demain on sera tous WIN*, dépliant publicitaire de la Région wallonne, juin 1998.
167. ERT, *Construire les autoroutes de l'Information pour repenser l'Europe, Un message des utilisateurs industriels*, juin 1994.
168. *Programme d'action gouvernemental: Préparer l'entrée de la France dans la société de l'information*, France, 1998.

8. Sous l'emprise du patronat

169. ERT, *Education et Compétence en Europe*, 1989.
170. *Enseigner et apprendre; vers la société cognitive, op. cit.*
171. *White Paper on growth, competitiveness, and employment – The challenges and ways forward into the 21st century*, Commission européenne, Bruxelles, 5 décembre 1993.
172. *Rapport du Groupe de Réflexion sur l'Education et la Formation, op. cit.*
173. *Vocational education and training programmes*, document d'information du ministère danois de l'Education, http://www.uvm.dk/eng.htm.
174. *Le Monde*, 25 juin 1997.
175. Fabrimetal-Forum, http://www.fabrimetal.be/fr/home.htm.
176. *Nationaler Aktionsplan für mehr Lehrstellen*, BMBF, 1998.
177. *Excellence in school, op. cit.*
178. *Idem.*
179. *Rapport sur l'emploi 1997, Un ordre du jour pour l'emploi à l'horizon 2000: enjeux et politiques*, Commission européenne, 1997.
180. *L'éducation, un trésor est caché dedans, op. cit.*
181. OCDE, *Regards sur l'éducation, les indicateurs de l'OCDE*, Paris 1995.
182. *Le Monde*, 2 septembre 1998.
183. Pauline Marois, *Prendre le virage du succès, plan d'action ministériel pour la réforme de l'éducation*, Ministère de l'Education, Montreal 1996.
184. *Die Welt*, 9 octobre 1996.

185. *Nationaler Aktionsplan für mehr Lehrstellen*, BMBF, 1998.
186. *Erwachsene Lehrlinge künftig mehr im Betrieb. Rüttgers: Ausbildung lohnt sich*, Communiqué BMBF, Bonn 31 janvier 1997.
187. *Berufsausbildung und Jugendbeschäftigung*, Rede von Bundesministerin Elisabeth Gehrer vor dem Nationalrat zum Nationalen Aktionsplan, 12 mai 1998.
188. *White Paper on growth, competitiveness, and employ-ment, op. cit.*
189. Communiqué de la Commission européenne, Bruxelles, le 19 juin 1997.
190. Edith Cresson, *Qualifications et compétences professionnelles*, intervention à la Conférence de Vienne sur la formation professionnelle, 3 juillet 1998.
191. Richard Hatcher, *Profiting from schools: business and Education Action Zones*, in *Education and social justice*, Vol. 1, n°1, automne 1998.
192. *White Paper on growth, competitiveness, and employment, op. cit.*
193. *L'università dei manager Benz, La Repubblica*, 8 août 1998.
194. *Pour une Europe de la connaissance*, Communication de la Commission, COM(97)563 final.
195. *Vocational education and training programmes*, Ministère danois de l'Education, http://www.uvm.dk/eng.htm.
196. *Le Soir*, 7 février 1997.
197. *L'enseignement secondaire dans l'union européenne: structures, organisation et administration*, Eurydice 1998.

9. Un enseignement encore plus inégal

198. *Le Monde Syndical*, n° 7-8, juillet-août 1998.
199. ERT, *Les marchés du travail en Europe. Les perspectives de création d'emplois dans la deuxième moitié des années 90*, Bruxelles 1993.
200. *L'Expansion*, n° 506 bis, juillet 1995.
201. *INSEE-Première*, n° 450, mai 1996.
202. *Rapport du Groupe de Réflexion sur l'Education et la Formation, op. cit.*
203. *Le Monde de l'éducation*, mai 1998.
204. Roman Herzog au *Berliner Bildungsforum, op. cit.*
205. *Vorort*, n°54, octobre 1990.
206. *Rapport du Groupe de Réflexion sur l'Education et la Formation, op. cit.*
207. *Rapport sur l'emploi 1997, Un ordre du jour pour l'emploi à l'horizon 2000: enjeux et politiques*, Commission européenne, 1997.
208. *L'Evénement du Jeudi*, 24-30 avril 1997.
209. *L'Alternative nationale, op. cit.*
210. *Nationaler Aktionsplan für mehr Lehrstellen*, BMBF, 1998.
211. Roman Herzog au *Berliner Bildungsforum, op. cit.*
212. Philippe Martin, Gian Franco Pordenone, *Développement de la scolarisation en Suisse, L'offre façonnera la demande*, in *Page Deux*, novembre 1996.

213. *Idem.*
214. *L'Echo*, Bruxelles 4 mars 1998.
215. *White Paper on growth, competitiveness, and employmen, op. cit.*
216. *Décret sur les missions de l'enseignement obligatoire, op. cit.*
217. *Prendre le virage du succès, op. cit.*
218. *Le Monde*, 28 mai 1999.
219. Exposé de Roger Fauroux lors d'un «déjeuner-débat» le 19 février 1997, notes d'Henri Douard non revues par le conférencier (www.geoscopie.com).
220. *Le Monde de l'Education*, mai 1997.
221. ERT, *Les marchés du travail en Europe, Les perspectives de création d'emplois dans la deuxième moitié des années 90*, 1993.
222. *Le Monde de L'Education*, septembre 1996.
223. *L'apprentissage à vie pour tous*. Donald J. Johnston, Secrétaire général de l'OCDE, *L'Observateur* n°214, octobre/novembre 1998.
224. *Intervention de Madame Edith Cresson sur le programme SOCRATES*, Bruxelles, 9 novembre 1995, SPEECH/95/238.
225. *Programme d'action gouvernemental: Préparer l'entrée de la France dans la société de l'information*, Paris 1998.
226. *Adult learning and Technology in OECD Countries*, OECD Proceedings, Paris, 1996.
227. OCDE, *Politiques du marché du travail: nouveaux défis, op. cit.*
228. Claude Allègre, *Un lycée pour le XXIe siècle*, 4 mars 1999
229. *Excellence in school, op. cit.*
230. *Zukunftsprogramm. Vorlage des CDE-Bundesvorstandes an den 10.* Parteitag der CDU Deutschlands vom 17. – 19. Mai 1998 in Bremen.
231. Claude Allègre, *Un lycée pour le XXIe siècle*, 4 mars 1999.
232. *L'Alternative nationale, op. cit.*
233. *White Paper on growth, competitiveness, and employ-ment, op. cit.*
234. Christian Maroy, *Politiques de formation et Emploi en Communauté française: bilan et perspectives, in La Wallonie au Futur, Le défi de l'Education*, Namur 1991.
235. ERT, *Les marchés du travail en Europe, op. cit.*
236. *Idem.*
237. *Idem.*
238. OCDE, *Politiques du marché du travail: nouveaux défis, op. cit.*
239. *Note d'orientation sur la réforme de l'Enseignement secondaire technique et professionnel, op. cit.*

Table des matières

Achevé d'imprimer
en septembre 2005